Unsere WELT in ZAHLEN

TIERE

4830km
1,8kg
348m
3,5m
52 Zähne
2600 Arten
50t
200kg
5000 Jahre
2900km
24 Augen
3,7 Mrd.
60m

Unsere WELT in ZAHLEN

TIERE

Texte von
RICHARD MEAD, WILLIAM POTTER UND ANNA CLAYBOURNE

INHALT

DK | Penguin Random House

Lektorat Claire Lister, Carron Brown, Francesca Baines, Andrew Mcintyre, Liz Wheeler, Jonathan Metcalf
Gestaltung und Bildredaktion Jeremy Marshall, Beth Johnston, Philip Letsu, Sophia MTT, Karen Self
Umschlaggestaltung Akiko Kato, Priyanka Sharma Saddi
Herstellung Robert Dunn, Laura Brand

Für die deutsche Ausgabe:
Verlagsleitung Monika Schlitzer
Programmleitung Heike Faßbender
Redaktionsleitung Martina Glöde
Projektbetreuung Angelika Herre
Herstellungsleitung Dorothee Whittaker
Herstellungskoordination Claudia Rode
Herstellung Evely Xie

Titel der englischen Originalausgabe:
Our World in Numbers. Animals

Übersetzung Annette Ostlaender
Lektorat Julia Niehaus

ISBN 978-3-8310-4830-4

Druck und Bindung Golden Prosperity Printing & Packaging (Heyuan) Co., Ltd.

FSC www.fsc.org MIX Papier | Fördert gute Waldnutzung FSC® C018179

www.dk-verlag.de

WIRBELLOSE

FISCHE

AMPHIBIEN UND REPTILIEN

VÖGEL

SÄUGETIERE

HINWEIS: DIE FAKTEN UND STATISTIKEN IN DIESEM BUCH WAREN ZUM ZEITPUNKT DES REDAKTIONSSCHLUSSES KORREKT.

EINE WELT IN ZAHLEN

Wo wären wir ohne Zahlen? Mithilfe von Zahlen können wir uns ein Bild von der Welt machen und eine Sache mit einer anderen vergleichen. Dieses Buch ist vollgepackt mit Hunderten von Zahlen zu Tieren, die du gut kennst, und solchen, von denen du vielleicht noch nie gehört hast. Du erfährst Fakten, die Fragen wie die folgenden und viele weitere beantworten.

Wie SCHNELL kann ein Specht hacken?

Geschwindigkeit ist die Zeit, die man braucht, um von einem Ort zum anderen zu gelangen. Wir messen Geschwindigkeit in km/h (Kilometer pro Stunde) oder cm/s (Zentimeter pro Sekunde). Die Frequenz beschreibt, wie schnell Wiederholungen aufeinanderfolgen, dabei werden zum Beispiel Schläge pro Sekunde gemessen.

Wie VIELE Eier legt ein Seestern auf einmal?

Man kann fast alles zusammenzählen – von Haustieren und Menschen bis zu Pflanzen und Planeten. So können wir große Mengen erfassen und Aussagen über sie machen.

Wie **LAUT** ruft eine Amphibie?

Die Frequenz oder Tonhöhe eines Geräuschs messen wir in Hertz (Hz). Um die Lautstärke eines Geräuschs zu bestimmen, wird die Entfernung gemessen, aus der es zu hören ist.

Wie **KLEIN** ist der kleinste Vogel der Welt?

Um die Größe eines Lebewesens von der kleinsten Ameise bis zum größten Wal zu bestimmen, nutzen wir Maße wie Millimeter, Zentimeter und Meter. Damit beschreiben wir, wie breit oder hoch etwas ist.

Wie **SCHWER** ist die schwerste Schlange der Welt?

Wie schwer etwas ist, wird in Gramm, Kilogramm und Tonnen gemessen. Auch das Gewicht gibt uns eine bessere Vorstellung von der Größe eines Tiers oder einer Pflanze.

WIRBELLOSE

KORALLEN UND SCHWÄMME

Schwämme und Korallen sind Tiere. Schwämme sind primitive Lebewesen, die vom Wasser durchströmt werden und so Sauerstoff und Nahrung erhalten. Sie bestehen aus Zellen, die sich lösen und zu neuen Schwämmen heranwachsen können. Korallen sind Kolonien weicher, winziger Tiere, den sogenannten Polypen, die an einer Stelle festsitzen und ein schützendes Kalkskelett bilden.

Schwämme sind die **ÄLTESTEN TIERE**, die wir kennen. Manche Schwammfossilien sind **600–700 Mio. JAHRE ALT**. Der älteste Fund könnte **890 Mio. JAHRE ALT** sein.

Die größte **KLASSE DER SCHWÄMME** ist die der **DEMOSPONGIAE**, die fast **7000 ARTEN** und **90%** aller **SCHWAMMARTEN** umfasst.

Der **GRÖSSTE BEKANNTE** Schwamm der Welt ist ein **LANUGINELLINAE-SCHWAMM**. Er ist so **GROSS WIE EIN KLEINBUS**, nämlich **3,5 m LANG** und **2 m BREIT**.

Karibische **Vasenschwämme** können **2300 JAHRE** alt werden.

Der **SCHWERSTE** je gefundene Schwamm war ein **Wollschwamm**. Er wurde **1909** auf den Bahamas entdeckt. Voller Wasser wog er **40 kg**, **HALB SO VIEL WIE EIN ERWACHSENER MANN.**

Das **Great Barrier Reef** (Australien) ist die **GRÖSSTE STRUKTUR**, die von lebenden Organismen geschaffen wurde. Es erstreckt sich über **2000 km** und ist sogar **VOM ALL AUS ZU SEHEN.**

Die beste Temperatur für das Wachstum eines **KORALLENRIFFS** liegt bei **23–29 °C** in flachem Wasser.

In der **ARKTIS** leben **SCHWÄMME**, die sich von **3000 JAHRE ALTEN FOSSILIEN** ernähren.

Die **MEISTEN KORALLEN** wachsen etwa **1 cm PRO JAHR**, aber die Kleinpolypige **Steinkoralle** wächst bis zu **20 cm** **IN EINEM JAHR.**

Korallenriffe bedecken etwa **256000 km²**, das entspricht etwa **1%** der **ERDOBERFLÄCHE.**

Das **GREAT BARRIER REEF** besteht aus über **3000** **RIFFEN** und **Millionen** von **KORALLEN.** Es ist **18 Mio. JAHRE ALT.**

Die **ERWÄRMUNG DER MEERE** führte dazu, dass zwischen **2014** und **2017** **⅓ der Korallenriffe** ausblich oder sogar **STARB.**

Der **KLEINSTE SCHWAMM** der Welt ist der ***Leucosolenia blanca***. Ausgewachsen ist er **3 mm** groß.

Schwämme können in großer Tiefe **überleben.** Um **fleischfressende Schwämme**, die in **8840 m** Tiefe leben, zu beobachten, brauchst du ein U-Boot.

Schwämme sind einfache Tiere **ohne** AUGEN, MUND, HERZ, LUNGE ODER GEHIRN.

Die **Arktische Löwenmähne** ist die **GRÖSSTE** Qualle. Das **GRÖSSTE GEMESSENE** Exemplar hatte einen Körper mit einem Durchmesser von **2,3 m** und **36,5 m** lange Tentakeln, war also **LÄNGER ALS EIN BLAUWAL**.

Wenn Blicke töten könnten … die **WÜRFELQUALLE** hat **24 Augen**.

QUALLEN bestehen zu **95 %** aus **Wasser**.

Der Körper der **SPIEGELEIQUALLE** kann bis zu **35 cm** lang werden.

***CASSIOPEA*-QUALLEN** tragen Algen auf ihren **8 KURZEN TENTAKELN**. Sie **RUHEN MIT DEM KOPF NACH UNTEN**, damit die **ALGEN** Sonnenlicht bekommen.

Die mit den Quallen verwandte **Portugiesische Galeere** kann **TÖDLICH** sein. Ein **9 m** langer **TENTAKEL** kann bis zu **750000** schmerzhafte Stacheln tragen.

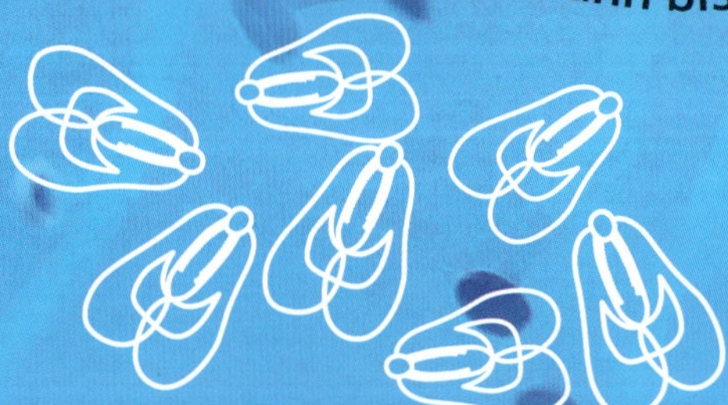

Ende der **1990er**-Jahre gab es im **SCHWARZEN MEER** etwa **900 Mio. Tonnen** von **Kammquallen**. Das ist das **10-FACHE** des Gewichts aller Fische, die **IN EINEM JAHR** im Meer gefangen werden.

MONDQUALLEN tauchen oft in **GROSSER ZAHL** auf. Man nennt das **Blüte**. Bei einer Blüte in Japan wurde die Zahl der Quallen im Jahr **2000** auf **583 Mio.** geschätzt.

Wabbelige

QUALLEN

Quallen sind keine Fische, sondern Zooplankton, also Tiere, die im Wasser treiben. Ihr Mund ist von stacheligen Tentakeln umgeben. Sie bewegen sich im Wasser, indem sie ihre großen, gallertartigen Glocken zusammenziehen.

Die **„UNSTERBLICHE QUALLE“** (*Turritopsis dohrnii*) kehrt **IN IHRE JUNGE, LARVENARTIGE FORM ZURÜCK**, nachdem sie sich

10-mal

gepaart hat.

Die **NOMURA-QUALLE** ist mit

200 kg

ein Schwergewicht. Sie wiegt so viel **WIE EIN AUSGEWACHSENER LÖWE**.

QUALLEN

gibt es schon seit mehr als

500 Mio. Jahren.

Die **KLEINSTE** Qualle ist vermutlich die **IRUKANDJI**, deren Glocke einen Durchmesser von nur

25 mm

hat. Sie ist so **GROSS WIE EINE KLEINE MÜNZE**.

An den Stränden von **VOLUSIA COUNTY (FLORIDA, USA)** wurden in nur **15 TAGEN**

3900

Menschen **VON QUALLEN GESTOCHEN**.

Im **Quallensee** in Palau kannst du mit **Millionen** von **NICHT-STECHENDEN QUALLEN** schwimmen.

Im Sommer ist das Wasser der **CHESAPEAKE BAY (USA)** voller Quallen, den sogenannten

Seenesseln.

Jährlich werden etwa

500000

Schwimmer **GESTOCHEN**.

Tintenfische, Kraken und

OKTOPUSSE

Tintenfische, Kraken, Oktopusse und Sepien sind allesamt Kopffüßer. Sie haben große Köpfe und zahlreiche starke Arme. Oktopusse haben acht Arme, Kalmare haben zehn.

Ein **Nautilus** ist ein Kopffüßer mit Schale. Er kann bis zu **90 TENTAKEL** haben.

Mit einer Art düsengetriebenem Sprung kann der **JAPANISCHE FLIEGENDE TINTENFISCH** aus dem Wasser springen und bis zu **30 m WEIT** segeln.

Die **AUGEN** des **RIESENKALMARS** sind so **GROSS WIE EIN Fußball** und haben einen Durchmesser von **27 cm**.

Der **Blaugeringelte Krake** ist hübsch, aber tödlich. Sein **BISS** kann einen Menschen in **15 MINUTEN** töten.

Alle **KOPFFÜSSER** können ihre **FARBE WECHSELN**. **Tintenfische** haben dafür **10 Mio. FARBZELLEN** in ihrer Haut.

Das **GRÖSSTE WIRBELLOSE TIER** der Welt ist der **RIESENKALMAR**. Vom Kopf bis zur Tentakelspitze kann er bis zu **14 m** lang werden. Man sieht ihn aber nur selten, weil er in großer Tiefe lebt.

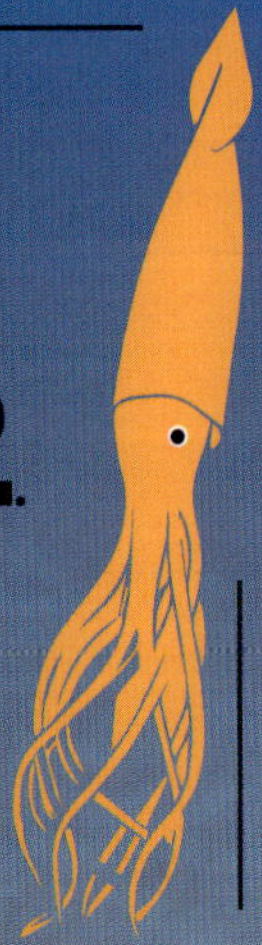

Der **Dumbo-Oktopus** hat **KLAPPEN AM KOPF**, die wie Elefantenohren aussehen. Er **SCHWIMMT IN EINER TIEFE** von bis zu **7 km**.

Der **KLEINSTE TINTENFISCH** ist der ***PARATEUTHIS TUNICATA***. Er misst nur **1,27 cm**. Das entspricht der **LÄNGE EINES FINGERNAGELS**.

Der **PAZIFISCHE RIESENKRAKE** hat etwa **2200 Saugnäpfe** an seinen **ACHT** Armen.

OKTOPUS-mütter **BEWACHEN** ihre **EIER**. Im Jahr **2015** wurde eine Tiefseekrake beobachtet, die ihr Gelege **53 MONATE** lang **BEWACHTE**.

Ein **Oktopus-Weibchen** kann bis zu **500000 EIER** auf einmal legen.

KRAKEN sind so **SCHLAU WIE KLEINKINDER**. In Labortests konnten sie **BIS 5 ZÄHLEN**.

Der **Vampirtintenfisch** hat im **VERHÄLTNIS ZUM KÖRPER** die größten Augen. Er wird **28 cm** groß und seine **AUGEN** haben einen Durchmesser von **2,5 cm**.

Der **HUMBOLDT-KALMAR SCHWIMMT 24 km/h** schnell.

OKTOPUSSE, KALMARE und **TINTENFISCHE** haben **3 Herzen**. Zwei pumpen das Blut in die Kiemen, das dritte pumpt es zu den Organen.

Spektakuläre

STACHELHÄUTER

Seesterne, Seeigel und Seegurken gehören alle zu einer Tiergruppe namens Stachelhäuter. Es sind keine Fische, weil sie keine Wirbelsäule haben. Stachelhäuter findest du nur in den Ozeanen, sie leben weder im Süßwasser noch an Land.

Manche **SEESTERNE LEBEN** im Sand **9000m** **UNTER DEM MEERESSPIEGEL**.

SEESTERNE können einen **DURCHMESSER** von **1cm** bis zu **65cm** haben.

1968 wurde im **GOLF VON MEXIKO** ein **SEESTERN** mit einem Durchmesser von **1,38m** entdeckt.

Der **SONNENBLUMEN-SEESTERN** ist der **SCHNELLSTE**: Er legt **1m** **PRO MINUTE** zurück.

SEESTERNE haben meist **5 Arme**. Doch eine Art, **HELIASTER**, hat **50**.

SEESTERNE leben in **ALLEN** Ozeanen der **ERDE**. Es gibt etwa **2000 Arten**.

Der **SCHWERSTE SEESTERN** ist *Thromidia catalai*, der bis zu **6kg** wiegen kann.

GROSSE SEESTERNE können **AUSSERHALB DES WASSERS** **28 STUNDEN** überleben.

SEEIGEL sind klein. Der **KLEINSTE** ist der *Echinocyamus scaber*. Er hat einen Durchmesser von nur **5,5 mm**.

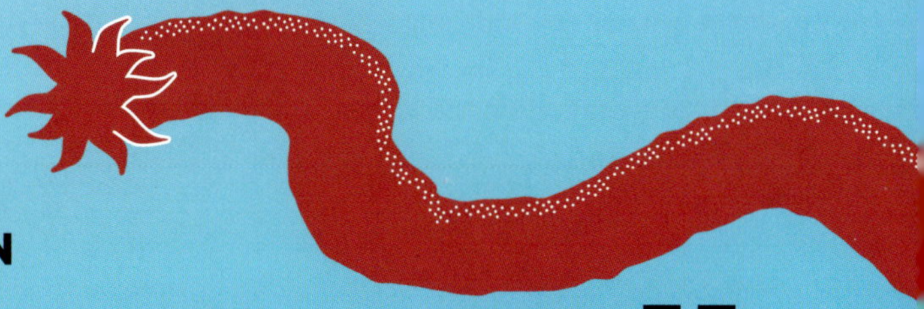

Einige **SEEGURKEN** wie *Synapta maculata* können bis zu **3 m** lang werden.

Ein **SEEIGEL** hat **null Knochen**, aber eine **SCHALENARTIGE STRUKTUR** aus kleinen Platten.

Seeigel leben in der Natur **SEHR LANG**. Ein **Roter Diademseeigel** soll **200 Jahre alt** geworden sein.

Seegurken **STOSSEN GEDÄRME AUS**, um Feinde abzuschrecken. Sie **WACHSEN** innerhalb von **2 Wochen** nach.

Der **ROTE DIADEMSEEIGEL** ist der **GRÖSSTE** Seeigel. Seine **STACHELN** sind bis zu **7,6 cm** lang.

Ein einziger **SEESTERN** kann bis zu **2,5 Mio. EIER** auf einmal legen.

Die **GRÖSSTE MUSCHEL** ist die **Riesenmuschel**. Sie kann bis zu **340 kg** wiegen – so viel wie ein Schwein.

Die **Kubanische Baumschnecke** ist **VOM AUSSTERBEN BEDROHT.**

1995 brach eine **GARTENSCHNECKE** alle Rekorde, als sie einen **„SPRINT“** über **33 cm** in **2 MINUTEN GEWANN.**

1846 wurden im British Museum (London) **2 „TOTE“ WÜSTENSCHNECKEN** ausgestellt.

4 JAHRE SPÄTER stellte sich eine als **LEBENDIG** heraus.

MUSCHELN können bis zu **200 AUGEN** haben.

Nur **1 VON 10 000** wilden **AUSTERN** enthält eine **PERLE**.

Die **TIEFSEEMUSCHEL** gilt als das am **LANGSAMSTEN WACHSENDE TIER**. Wissenschaftler schätzen, dass sie **100 Jahre** brauchen würde, um **8 mm** zu wachsen.

Schiffsbohrwürmer können sich durch Holz bohren und ihren Körper **1,5 m LANG AUSSTRECKEN**.

MUSCHELN UND SCHNECKEN

Muscheln und Schnecken sind Weichtiere ohne Wirbelsäule. Sie leben im Wasser oder an Land. Es gibt Schnecken mit spiralförmigen Gehäusen und Nacktschnecken. Muscheln wie Austern, Venusmuscheln, Miesmuscheln und Jakobsmuscheln leben in einer zweiteiligen Scharnierschale, die sie mit ihren Muskeln öffnen und schließen können.

Die Afrikanische **LANDSCHNECKE** ist die **GRÖSSTE** Schnecke. Sie wird bis zu **39,3 cm** groß.

EUCHELUS-Schnecken nagen an **FELSEN** aus Kalkstein, um an die Flechten im Inneren zu gelangen. Jede Schnecke frisst so in einem Jahr fast **5 g** Gestein.

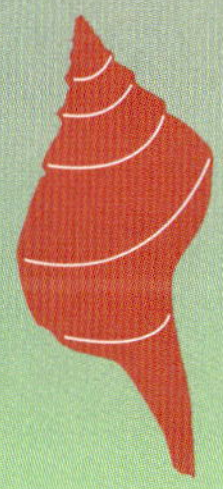

Die **TROMPETENSCHNECKE** gehört zu den **GRÖSSTEN SEESCHNECKEN**. **1979** wurde ein **77,2 cm** langes Gehäuse gefunden.

Der **LANDKARTENKEGEL** hat ein lähmendes **GIFT** in einem **1 cm** langen **ZAHN**. Es kann einen Menschen in wenigen **STUNDEN TÖTEN**.

Die **„Perle des Laotse“**, die **1934** in einer **RIESENMUSCHEL** gefunden wurde, ist so groß wie ein Menschenkopf und wiegt **6,4 kg**.

Die **Miesmuschel KLEBT** sich mit **HAFTFASERN** an Felsen fest. Jede Faser kann bis zu **4,3 kg** halten.

SCHNECKEN sind die **ZWEITGRÖSSTE** Gruppe von Lebewesen. Mehr als **60000 Arten** wurden bereits gefunden.

Kriechende

KREBSTIERE

Von Krabben und Hummern bis zu Krill und Seepocken gibt es Krebstiere in allen Formen und Größen. Die meisten leben im Wasser und haben eine harte Schale, ein sogenanntes Exoskelett. Wenn ein Krebstier wächst, wirft es die zu klein gewordene Schale ab und entwickelt ein neues Exoskelett.

Das **GRÖSSTE** Krebstier ist die **Japanische Riesenkrabbe**. Sie hat eine **BEINSPANNE** von

4m.

SO LANG wird ein Weißwal.

1921 fand man die Überreste einer **100 Mio. Jahre alten Krabbe** in **BERNSTEIN EINGESCHLOSSEN**.

Das **kleinste Krebstier** ist der *Stygotantulus stocki*. Er ist nur

0,09mm

lang und zu klein, um mit **BLOSSEM AUGE GESEHEN** zu werden.

Die **GRÖSSTE** Seepocke ist die **Riesenseepocke**. Sie kann bis zu

12,7cm

hoch und

7cm

breit werden.

Der **AMERIKANISCHE HUMMER** ist das **SCHWERSTE** Krebstier. Ein Exemplar wog

20,1kg.

Das entspricht etwa dem Gewicht von **3 SCHWEREN BOWLINGKUGELN**.

Ein **HUMMERWEIBCHEN** kann mehr als

3000

EIER legen. Sie bleiben **AN IHM HÄNGEN**, bis sie Monate später **SCHLÜPFEN**.

Hummer können **BEINE UND KRALLEN** nachwachsen lassen, das kann aber bis zu

5 Jahre

dauern.

Krill ist ein wichtiger Teil der Nahrungskette. Ein **BLAUWAL** vertilgt **3,6 Mio.** Krill an **1 TAG**.

KRILL bildet **SCHWÄRME**, die bis zu **10 km** breit und vom **ALL AUS ZU SEHEN** sind.

Es gibt etwa **700 Billionen KRILL** im **SÜDLICHEN OZEAN**.

2015 wurde in **MAINE (USA)** ein **ZWEIFARBIGER ORANGE-BRAUNER HUMMER** entdeckt. Die Chance, einen weiteren zu finden, liegt bei **1:50000000**.

Hummer leben länger als andere Krebstiere. Ihre **LEBENSERWARTUNG** liegt bei **20–80** Jahren, aber auch ein über **100 JAHRE ALTER** Hummer wurde schon gefunden.

Das **SCHNELLSTE KREBSTIER** ist die **Geisterkrabbe**. Sie läuft **3,4 m** pro Sekunde.

Der **Tasmanische Riesenfluss-krebs** ist ein **SÜSSWASSER-KREBSTIER**. Er kann bis zu **5 kg** wiegen und **80 cm** lang werden.

KREBSTIER-FOSSILIEN wie die von **SEEPOCKEN** können bis zu **500 MILLIONEN JAHRE** alt sein.

Es gibt etwa **70000 ARTEN VON KREBSTIEREN**. **GIFTIGE** Arten waren nicht bekannt, bis **2013** die **höhlenbewoh-nende Remipedia** entdeckt wurde.

Die meisten **SPINNENTIERE** haben **8 BEINE** und **IHR KÖRPER** besteht aus nur **2 TEILEN**.

Die **PFAUENSPINNE** ist nur **4 mm LANG**, kann aber mehr als **20-mal SO WEIT SPRINGEN**.

EXPERTEN SCHÄTZEN, dass sie noch etwa **500000 SPINNENTIERARTEN ENTDECKEN** werden.

Die **Seidenfäden** eines **Spinnennetzes** sind **5-mal STÄRKER ALS STAHL**.

Die **GOLIATH-VOGELSPINNE** hat eine **BEINSPANNE** von **30 cm**, größer als ein Speiseteller! Sie ist mit **170 g** auch die **SCHWERSTE SPINNE**.

Die meisten Spinnen besitzen einen empfindlichen Vibrationssinn. Aber **SPRINGSPINNEN** vertrauen beim Jagen auf ihr **SEHVERMÖGEN**. Sie haben **8 AUGEN**.

Spannende SPINNEN

Spinnentiere sind eine große Gruppe von Gliederfüßern mit über 98000 verschiedenen Arten von Spinnen, Skorpionen, Milben und Zecken. Fast alle Mitglieder dieser Familie sind Raubtiere und viele setzen tödliche Gifte ein, um ihre Beute zu ergattern.

Die Minispinne **Patu digua** ist nur **0,37mm** lang – halb so groß wie ein Sandkorn.

Der **BLAUE RIESENSKORPION** trägt bis zu **30 Babys** **2 Wochen** auf seinem Rücken, bis sie selbstständig sind.

Die **SCHWANZLOSE GEISSELSPINNE LÄUFT SEITWÄRTS AUF 6 BEINEN**. Mit den **2 EXTRALANGEN VORDERBEINEN** tastet sie nach **BEUTE**.

Der **GIFTIGE BISS** einer Sydney-**Trichternetzspinne** kann einen erwachsenen Menschen in nur **15 MINUTEN töten**.

Die **Wasserspinne** kann bis zu **24 Stunden** **UNTER WASSER** bleiben. Sie atmet Luft, die sie in Blasen unter einem gesponnenen Netz lagert.

Das **GRÖSSTE** je gesehene **SPINNENNETZ ÜBERSPANNTE EINEN FLUSS** in Madagaskar und war **25m LANG**.

Ein **BETT** enthält bis zu **2 Mio. STAUBMILBEN**, die sich von abgestorbener **MENSCHLICHER HAUT ERNÄHREN**.

Eine **ZECKE** braucht nur **3 BLUTMAHLZEITEN** über eine **LEBENSSPANNE** von bis zu **7 Jahren**.

Eine **WEIBLICHE ZECKE** kann auf das **10-FACHE** ihrer **NORMALEN GRÖSSE** anschwellen, wenn sie sich mit Blut vollsaugt.

TOP 10 DER GRÖSSTEN SPINNEN

1 **LAOTISCHE RIESENKRABBENSPINNE** • *Heteropoda maxima* • Laos • Maximale Beinspanne: **30cm**

Die Spinne wurde 2001 entdeckt und ist größer als dein Kopf. Sie spinnt kein Netz, sondern jagt ihre Beute.

2 **GOLIATH-VOGELSPINNE** • *Theraphosa blondi* • Nördliches Südamerika • Maximale Beinspanne: **28cm**

Die Goliath-Vogelspinne ist die schwerste Spinne der Welt und groß genug, um einen Speiseteller zu bedecken. Sie wiegt 170g.

3 **BRASILIANISCHE RIESENVOGELSPINNE** • *Lasiodora parahybana* • Brasilien • Maximale Beinspanne: **25,4cm**

Diese Spinne ist braun und hat rosa Haare an Beinen und Mundwerkzeugen. Manchmal frisst sie kleine Vögel.

3 **BRASILIANISCHE ROTE RIESENTARANTEL** • *Grammostola anthracina* • Brasilien, Uruguay, Paraguay und Argentinien • Maximale Beinspanne: **25,4cm**

Das vierte Bein dieser Spinne ist 5,8cm lang und damit fast so lang wie ihr gesamter Körper (6,4cm).

5 **GESICHTSGROSSE VOGELSPINNE** • *Poecilotheria rajaei* • Indien und Sri Lanka • Maximale Beinspanne: **20,3cm**

Diese Spinne kann Schlangen fressen, die länger als ihr eigener Körper sind.

6 **KENIA-RIESENVOGELSPINNE** • *Pelinobius muticus* • Tansania und Kenia • Maximale Beinspanne: **20,1cm**

Der Biss des aggressiven Spinnentiers ist sehr schmerzhaft. Wissenschaftler*innen untersuchen ihr Gift, um zu erforschen, wie unser Körper auf Schmerz reagiert.

7 **KOLUMBIANISCHE RIESENVOGELSPINNE** • *Megaphobema robustum* • Kolumbien und Brasilien • Maximale Beinspanne: **17,8cm**

Wenn die scheue Spinne bedroht wird, geht sie mit den dornigen Stacheln an ihren Hinterbeinen zum Angriff über und beißt zu.

8 **KAMELSPINNE** • *Solifugae* (Ordnung) • Mittlerer Osten und Nordamerika • Maximale Beinspanne: **15cm**

Es gibt mehr als 1000 Arten von Kamelspinnen. Sie tragen ihren Namen, weil sie in Wüsten leben.

8 **BRASILIANISCHE WANDERSPINNE** • *Phoneutria fera* • Südamerika • Maximale Beinspanne: **15cm**

Der Biss dieser Spinne kann für Menschen tödlich sein. Bei Gefahr stellt sie als Drohgebärde die ersten beiden Beinpaare auf.

10 **JÄGERSPINNE** • *Cerbalus aravaensis* • Israel und Jordanien • Maximale Beinspanne: **14cm**

Die Jägerspinne verbringt ihre Tage unter der Erde und verklebt Sandpartikel zu einer Tür, mit der sie ihren Bau verschließt.

Der **Riesenläufer** aus Mittel- und Südamerika ist mit **26 cm** der **LÄNGSTE HUNDERTFÜSSER**.

HUNDERTFÜSSER haben **15–177 BEINPAARE**. Es ist immer eine **UNGERADE ZAHL**.

Wir kennen etwa **3000 ARTEN VON HUNDERTFÜSSERN**, aber man schätzt, dass noch über **5000** weitere Arten zu **ENTDECKEN** sind.

Obwohl sie **Hundertfüßer** heißen, gibt es **KEINE** Hundertfüßer mit genau **100 BEINEN**.

Spinnenläufer starten ihr Leben mit **4 Beinpaaren**, entwickeln aber bis zu **15**, wenn sie sich **HÄUTEN**.

Mehr als **10000 ARTEN VON TAUSENDFÜSSERN** wurden bisher entdeckt.

Hoffmans Zwerghundertfüßer ist mit **10,3 mm** der **KLEINSTE** der Welt.

Ein weiblicher **HUNDERTFÜSSER** kann bis zu **150 EIER** legen.

HUNDERTFÜSSER können **6 Jahre** leben.

HUNDERT- UND TAUSENDFÜSSER

Ein Hundertfüßer hat einen flachen Körper mit einem Beinpaar an jedem Segment. Tausendfüßer sind runder und haben zwei Beinpaare an jedem Segment. Die meisten Hundertfüßer sind Fleischfresser, während viele Tausendfüßer Pflanzenfresser sind.

DER **AUSGESTORBENE RIESENTAUSENDFÜSSER** *Arthropleura* lebte vor **300 Mio. JAHREN**, war etwa **2,6 m** lang und **WOG SO VIEL WIE EIN GROSSER HUND**.

Der **Tausendfüßer** *Eumillipes persephone* mit **1306 BEINEN** wurde **2020** entdeckt. **KEINE ANDERE ART HAT MEHR.**

Manche Arten von **Tausendfüßern** sind nur **1 mm** lang, werden aber zum Problem, wenn sie zu **HUNDERTEN** Wohnhäuser heimsuchen.

TAUSENDFÜSSER werden **OHNE BEINE** geboren. Bei der ersten **HÄUTUNG** erscheinen die ersten **3 BEINPAARE**.

Ein **schwimmender Hundertfüßer**, *Scolopendra cataracta*, wurde **2016** in Thailand entdeckt. Er ist **20 cm** lang und **GIFTIG**.

Der **Afrikanische Riesentausendfüßer** ist der **GRÖSSTE**. Er wird bis zu **28 cm** lang.

Groß- und Klein-

LIBELLEN

Groß- und Kleinlibellen bilden eine Ordnung innerhalb der Insekten. Sie sind leicht voneinander zu unterscheiden. Die Augen der Großlibellen liegen dicht beieinander, während die Augen der Kleinlibellen durch einen Spalt getrennt sind. Die Flügel der Großlibellen bleiben im Ruhezustand geöffnet, während die Kleinlibelle sie zusammenlegt.

Die libellenähnliche ***Meganeura monyi*** ist das **GRÖSSTE PRÄHISTORISCHE INSEKT**, von dem wir wissen. Seine **FLÜGELSPANNWEITE** betrug **70 cm**.

Es gibt **2600 Arten** von **KLEINLIBELLEN**.

Die **GRÖSSTE SCHLANKLIBELLE** ist *Megaloprepus caerulatus*. Sie hat eine **FLÜGELSPANNWEITE** von **19,1 cm** und ist **12 cm** lang.

80 % des **GEHIRNS** einer **LIBELLE** analysiert **DAS, WAS SIE SIEHT**.

Libellen haben **RIESIGE FACETTENAUGEN, VON DENEN JEDES** etwa **28000 EINZELAUGEN** hat.

Eine **LIBELLE** kann in nur **30 Minuten IHR KÖRPERGEWICHT** an Nahrung fressen.

Die schnell fliegenden **Protodonata**, die wie Riesenlibellen aussahen, **EXISTIERTEN** vor mindestens

325

Mio. JAHREN.

10%

der **GROSSLIBELLEN-ARTEN** sind vom **AUSSTERBEN BEDROHT**.

GROSSLIBELLEN liegen beim **GRÖSSEN-WETTBEWERB** vorn. Die meisten sind **LÄNGER ALS**

5 cm.

Kein anderes Insekt **FLIEGT** schneller als die australische Libelle **SÜDLICHER GRÜNER DARNER**. Sie erreicht eine Geschwindigkeit von

58 km/h.

LIBELLEN haben

6 Beine.

Aber sie können **NICHT LAUFEN**. Sie **LANDEN UND FLIEGEN** wieder weg.

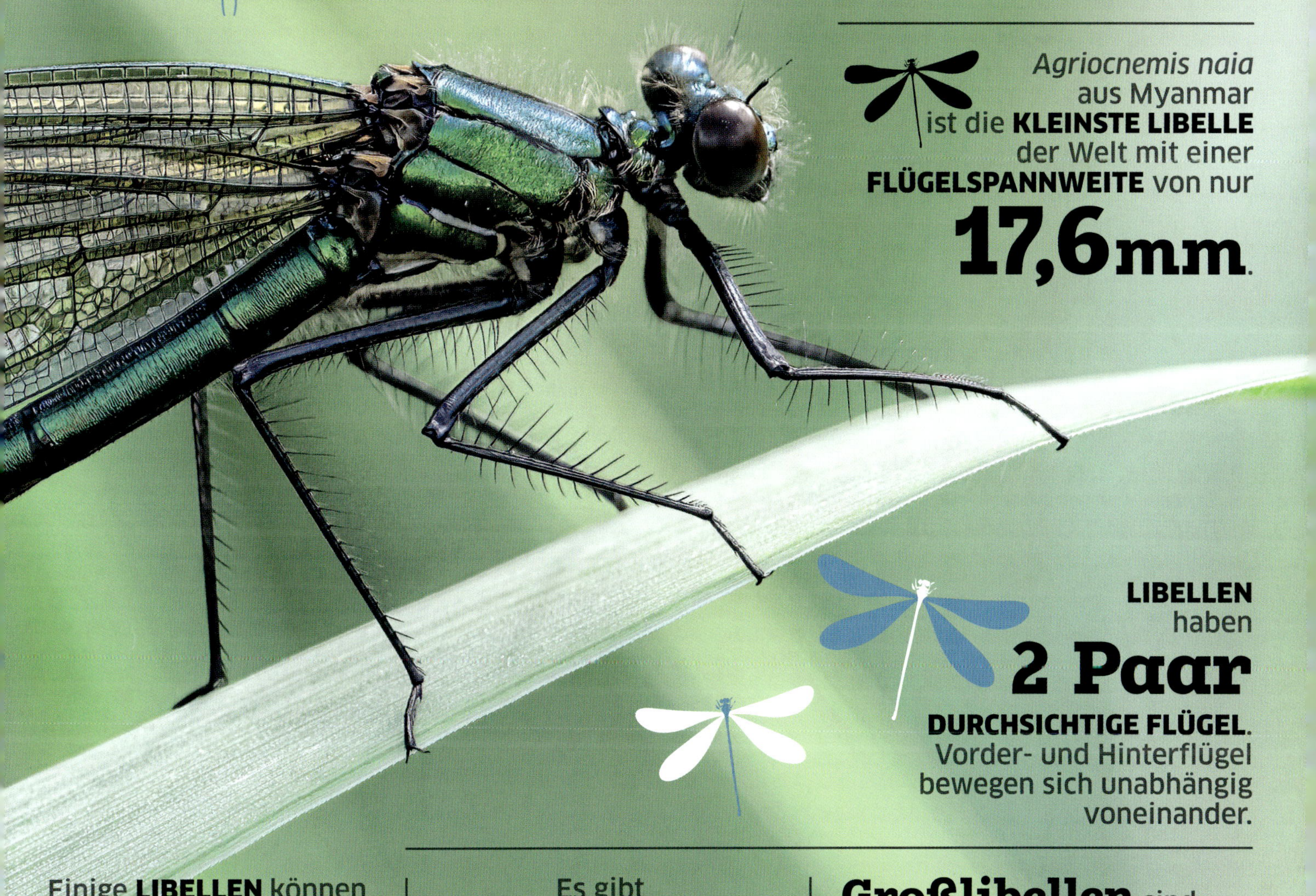

Agriocnemis naia aus Myanmar ist die **KLEINSTE LIBELLE** der Welt mit einer **FLÜGELSPANNWEITE** von nur

17,6 mm.

LIBELLEN haben

2 Paar

DURCHSICHTIGE FLÜGEL. Vorder- und Hinterflügel bewegen sich unabhängig voneinander.

Einige **LIBELLEN** können **RÜCKWÄRTS FLIEGEN**, aber nur mit

1/3

ihrer normalen **FLUGGESCHWINDIGKEIT**.

Es gibt

3000

GROSSLIBELLEN-ARTEN.

Großlibellen sind perfekte **JÄGER** und haben eine **ERFOLGSQUOTE** von

95%.

Kluge

KÄFER

Käfer machen fast ein Viertel aller bekannten Tierarten aus und leben auf allen Kontinenten außer in der Antarktis. Die meisten durchlaufen eine vollständige Metamorphose, bis sie erwachsen sind. Es gibt vier Stadien: Ei, Larve, Puppe und erwachsenes Tier.

Riesenkäfer sind die **GRÖSSTEN** Käfer. Sie können einschließlich ihrer **HÖRNER**

17 cm

lang werden.

370 000

ARTEN von **KÄFERN** wurden bis heute beschrieben.

GLÜHWÜRMCHEN sind auch Käfer. Es gibt etwa

2000

Arten, die **ALLE ANDERS BLINKEN**.

1/3

der heutigen **INSEKTENARTEN** sind **KÄFER**.

Der Marienkäfer mit den **MEISTEN PUNKTEN** ist der **22-Punkt-MARIENKÄFER**.

Der **SCHNELLSTE** Käfer der Welt ist der **AUSTRALISCHE SANDLAUFKÄFER**. Er erreicht eine Geschwindigkeit von

9 km/h.

Der **ÄLTESTE VERSTEINERTE** Käfer ist mehr als

300 Mio.

Jahre alt. Aber der **ÄLTESTE** in **DINOSAURIERKOT** gefundene Käfer ist nur

230 Mio. JAHRE ALT.

Der **KLEINSTE** Käfer ist der **FEDERFLÜGLER**. Er ist nur **0,25 mm** groß.

LONGICORNKÄFER leben in vulkanischen Gebieten in Südostasien. Sie können **BODENTEMPERATUREN** von über **70 °C** aushalten.

DER GOLIATHKÄFER wiegt bis zu **100 g**. Damit ist er der **SCHWERSTE KÄFER** der Welt.

Es gibt **160** verschiedene **KÄFERFAMILIEN**.

BOMBARDIERKÄFER können bis zu **500 SPRÜHSTÖSSE MIT ÄTZENDER** Flüssigkeit pro Sekunde verspritzen.

MISTKÄFER sind Schwergewichtler. Sie können **MISTKUGELN ROLLEN**, die **50-MAL SCHWERER** sind als sie.

MÄNNLICHE HIRSCHKÄFER sind **GRÖSSER** als die Weibchen und werden bis zu **8,5 cm** lang.

ALLE KÄFER haben **3 KÖRPERABSCHNITTE: KOPF, BRUST** und **HINTERLEIB**.

Ein **ERWACHSENER MARIENKÄFER** kann an einem Tag **75 Blattläuse** fressen.

Der **GRÖSSTE** Schmetterling der Welt ist der gefährdete **Königin-Alexandra-Vogelfalter**. Er hat eine **FLÜGELSPANNWEITE** von

30 cm.

Wenn **CRACKER-SCHMETTERLINGE** mit den **VORDERFLÜGELN** schlagen, kann man das **GERÄUSCH**

30 m

weit hören.

Der **Zwerg-Bläuling** ist der **KLEINSTE SCHMETTERLING** der Welt. Seine **FLÜGEL-SPANNWEITE** liegt bei **1,4 cm** und er wiegt weniger als **10 mg**.

Manche **ARTEN** legen nur **1 Ei**, andere mehr als

100.

Jedes Jahr fliegen Hunderttausende von **MONARCHFALTERN** fast

5000 km

von Kanada und Nordamerika nach Mexiko.

SCHMETTERLINGE haben **4 Flügel**, ein Paar **VORDERFLÜGEL** und ein Paar **HINTERFLÜGEL**.

SCHMETTERLINGE sind **KALTBLÜTER**. Fällt die Temperatur unter **12,8 °C**, können sie **NICHT FLIEGEN**.

Wenn ein **SCHMETTERLING SCHLÜPFT**, besteht sein **Rüssel** aus **2 HÄLFTEN**, die er selbst zusammenkleben muss.

Jede Schuppe auf einem **SCHMETTERLINGSFLÜGEL** hat eine von **4** Farben: **GELB**, **ROT**, **SCHWARZ** oder **WEISS**. Die anderen Farben entstehen durch die Lichtbrechung.

Es gibt etwa **17 500 SCHMETTERLINGSARTEN** auf der Welt.

Schöne

SCHMETTERLINGE

Schmetterlinge sind erstaunliche Insekten. Sie sehen Farben, die Menschen nicht sehen können, zum Beispiel Ultraviolett. Ihre Füße haben Geschmackszellen, mit denen sie prüfen, ob eine Pflanze zum Verzehr geeignet ist. Da sie weder Zähne noch Lippen haben, ernähren sich Schmetterlinge von Flüssigkeit, die sie mit ihrem Rüssel aufsaugen.

Der **SCHMETTERLING** durchläuft

4 Stadien:

EI, **RAUPE**, **PUPPE** und **ERWACHSENES TIER**.

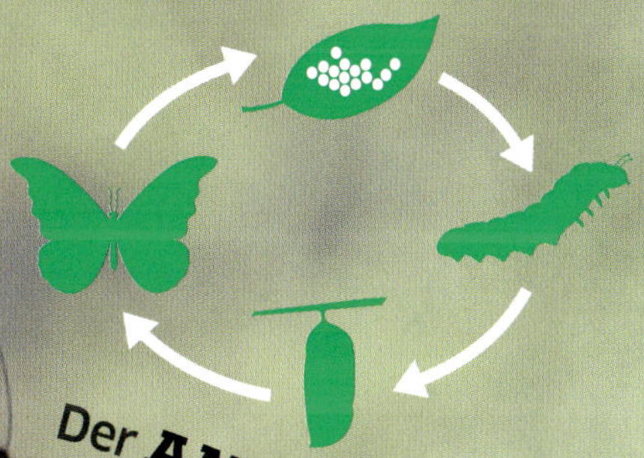

VIELE ARTEN sind **VOM AUSSTERBEN BEDROHT**. Der **Palos-Verde-Bläuling** galt lange als ausgestorben, bis er **1994 WIEDER ENTDECKT** wurde.

VERSTEINERTE FLÜGELSCHUPPEN, die im Gestein gefunden wurden, beweisen, dass es **SCHMETTERLINGE** schon seit

200 Mio.

JAHREN auf der Erde gibt.

Der **AMERIKANISCHE MONARCH** kann bis zu **8 MONATE LEBEN.**

Ein **SCHMETTERLING SCHLÄGT SEINE FLÜGEL** etwa

10-mal

PRO SEKUNDE,

600-

MAL PRO MINUTE.

Rekordverdächtige

RAUPEN

Raupen sind die Larven von Schmetterlingen und Motten, auch wenn sie ganz anders aussehen. Nachdem sie aus ihren Eiern geschlüpft sind, fressen sie ununterbrochen und werden immer größer, bis sie bereit sind, sich zu verpuppen und in ein erwachsenes Tier zu verwandeln.

Die **MEISTEN RAUPEN** haben **12 winzige Augen**, **6 AUF JEDER KOPFSEITE**. Aber sie können nicht gut sehen.

Wie **SCHMETTERLINGE** und **MOTTEN** haben auch **RAUPEN** **6 Beine**.

Die **Raupe** der **HAG-MOTTE** hat **18 TENTAKEL** auf ihrem Rücken und sieht damit wie eine haarige Spinne aus.

RAUPEN haben bis zu **10** Bauchfüße oder **FALSCHE BEINE**, mit denen sie sich fortbewegen.

Bei Gefahr kann sich die **RAUPE DES NESSELZÜNSLERS** zu einem Ball zusammenziehen und mit bis zu **40 cm PRO SEKUNDE** wegrollen.

Eine **RAUPE WÄCHST** bis auf das **1000-FACHE** ihrer ursprünglichen Größe, bevor sie sich **VERPUPPT**.

99% der **RAUPEN** sind **VEGETARIER**, aber **EINIGE FRESSEN** andere **INSEKTEN**, **SCHNECKEN** oder **EIER**.

Seide stammt von den **Raupen des Seidenspinners**. Sie **SPINNEN** einen dünnen Faden, der bis zu

1500m

lang sein kann, um einen **Kokon** zu bauen.

Während sie wachsen, **HÄUTEN SICH DIE MEISTEN RAUPEN**

4–5-mal.

Die **Eukalyptusskelettraupe** **HÄUTET SICH** bis zu **13-mal** und behält jedes Mal die Haut des alten Kopfes, die sie auf den **NEUEN KOPF TÜRMT**.

Die ***Lonomia-obliqua*-RAUPE** ist bedeckt von **GIFTHAAREN**, die **1 von 40** Menschen, die sie **BERÜHREN**, **TÖTEN**.

Die **Raupen** des **Bärenspinners** leben bis zu **7 JAHRE**, bevor sie sich verpuppen.

Die **GRÖSSTE** Raupe ist die der Motte ***CITHERONIA REGALIS***. Sie wird bis zu **14cm** lang.

RAUPEN haben **4000 MUSKELN**, aber **KEINE KNOCHEN**.

Die Raupen des Prozessionsspinners bilden **KETTEN** aus bis zu **120 RAUPEN**.

Die Raupen des Schwammspinners hängen sich an einen Seidenfaden und lassen sich **VOM WIND DAVONTRAGEN**, mit dem sie manchmal mehr als **1km** weit **FLIEGEN**.

Eine **VAMPIRMOTTE** kann bis zu **50 Minuten** menschliches oder tierisches **BLUT SAUGEN.**

Faultiere haben oft bis zu **120 MOTTEN** in ihrem Fell.

YUCCAPALMEN und **YUCCAMOTTEN LEBEN** seit **40 Mio. JAHREN** zusammen. Die Motte **BESTÄUBT** die Yucca und die Samen der Pflanze **ERNÄHREN** die Mottenraupen.

Die **WALLACE-SPHINXMOTTE SAUGT** mit ihrer **30 cm** langen **ZUNGE**, der längsten in der Insektenwelt, **NEKTAR** aus den röhrenförmigen **ORCHIDEENBLÜTEN.**

Es gibt **160000 Arten** **VON MOTTEN, 9-MAL** mehr als **SCHMETTERLINGSARTEN.**

Das **TAUBENSCHWÄNZCHEN** kann **80-mal pro Sekunde** mit den Flügeln schlagen.

MOTTEN

Motten sind mit Schmetterlingen verwandt, es gibt aber Unterschiede: Schmetterlinge haben dünne, glatte Fühler mit „Keulen“ an den Spitzen, während die Fühler von Motten dick, gerippt oder federartig sind. Motten haben pelzige Flügelschuppen und fliegen oft nachts.

Motten können so winzig wie die **KLEINSTE** Art mit einer Flügelspannweite von **3mm** sein oder so groß wie die **WEISSE SPINNE** mit einer Flügelspannweite von bis zu **30cm**.

ISABELLASPINNER leben in Hochgebirgskiefernwäldern in **2000m HÖHE**.

Das Männchen des ***CREATONOTOS GANGIS*** bläst aus seinem Hinterleib **4 LANGE TENTAKEL** auf, die **DUFT** verströmen, um **WEIBCHEN ANZULOCKEN**.

Einige weibliche Motten, wie der **SCHWAMMSPINNER** und die **SILBERMOTTE**, können mehr als **1000 EIER** legen.

Motten **RIECHEN** mit ihren **GEFIEDERTEN FÜHLERN. MÄNNLICHE LUNAMOTTEN** spüren mit ihren Fühlern **10km** entfernte Weibchen auf.

LUNAMOTTEN suchen sich **EINEN PARTNER** und **LEGEN EIER**. Sie **FRESSEN NICHT** und **LEBEN** nur **7 Tage**.

In Australien schlafen **BOGONG-MOTTEN** im Schwarm in **HÖHLEN**: **17000 Motten AUF 1 m²**.

Seit über **5000 Jahren ZÜCHTEN MENSCHEN** Seidenspinner, um an die Fäden für die **KOKONS** zu kommen.

Viele Motten **WANDERN** über weite Strecken. Der **TOTENKOPFSCHWÄRMER** legt zwischen Europa und Afrika **4000km** zurück.

Eine Kolonie **AFRIKANISCHER WANDERAMEISEN** kann aus über

20 Mio.

Tieren bestehen.

Die meisten **BIENEN, WESPEN UND AMEISEN** haben

5 Augen:

2 GROSSE FACETTEN-AUGEN mit vielen kleinen Linsen und **3 KLEINERE** Augen.

Das Weibchen der **MEGARHYSSA-SCHLUPFWESPE** scheint einen riesigen,

10 cm-

langen **STACHEL** zu haben. Aber keine Panik, es ist nur ein „Ovipositor", der zur **EIABLAGE** dient.

ARKTISCHE HUMMELVÖLKER leben nur **3 Monate** während des kurzen arktischen Sommers – nur die **KÖNIGIN** lebt das ganze Jahr und verbringt **9 Monate** im **WINTERSCHLAF**.

Bei einigen Arten kann die **AMEISENKÖNIGIN**

30 Jahre

alt werden. **KEIN ANDERES INSEKT WIRD ÄLTER**.

Eine **HONIGBIENE** kann pro Tag **NEKTAR** von bis zu **4000 Blüten** sammeln.

Wissenschaftler*innen schätzen, dass es mindestens

20 Trillionen

fleißige **AMEISEN** auf der Erde gibt.

BIENEN UND AMEISEN

Bienen, Wespen und Ameisen gehören zu einer großen Gruppe von Insekten, den Hautflüglern, mit über 130000 Arten. Die meisten Ameisen und einige Arten von Wespen und Bienen leben in großen Gruppen oder Kolonien zusammen. Sie teilen sich ein Nest, Nahrung und Arbeit und helfen sich gegenseitig beim Überleben.

In einer **AMEISENKOLONIE** legt die **AMEISENKÖNIGIN** alle Eier. Treiberameisenköniginnen legen **3 Mio. EIER** im Monat.

Die **24-STUNDEN-AMEISE** hat den **SCHMERZHAFTESTEN STACHEL** aller Insekten und Rang **4+** auf der **SCHMIDT-SCHMERZSKALA** für Insektenstiche.

Die **FEENFLIEGE** (Schlupfwespe) ist das **KLEINSTE INSEKT** von allen. Die Männchen sind nur **0,14 mm** lang.

Das **GRÖSSTE WESPENNEST** aller Zeiten wurde in Tasmanien (Australien) gefunden. Es war **3,7 m** lang und **1,75 m** breit.

Die **GRÖSSTE BIENE** der Welt ist die **WALLACE-RIESENBIENE** aus Indonesien. Sie ist **4,5 cm** lang, also **4-mal länger ALS DIE HONIGBIENE**.

100 Mio. Jahre alt war die Wespe, die **2020** in Myanmar **IN BERNSTEIN EINGESCHLOSSEN** gefunden wurde.

Wenn **BIENENVÖLKER** umziehen, folgen sie **IHRER KÖNIGIN** und fliegen in einem Schwarm von **15000** Tieren.

TOP 10
DER GRÖSSTEN KOLONIEN

1 **ARGENTINISCHE AMEISE** • *Linepithema humile* • Westeuropa, Nord- und Südamerika • Anzahl der Insekten pro Kolonie: **Milliarden**

Eine Superkolonie, die sich über 6000 km von Italien über Frankreich nach Spanien erstreckt, enthält Milliarden von Arbeiterameisen.

2 **ROTE WALDAMEISE** • *Formica yessensis* • Fast alle Kontinente • Anzahl der Insekten pro Kolonie: **150 Mio.**

Rund 45000 Nester waren in Japan zu einer riesigen Kolonie verbunden, in der über 300 Mio. Arbeiterameisen lebten.

3 **WÜSTENHEUSCHRECKE** • *Schistocerca gregaria* • Afrika, Mittlerer Osten, Asien • Anzahl der Insekten pro Kolonie: **80 Mio.**

Heuschrecken leben manchmal als Einzelgänger, aber sie können sich auch zu großen Schwärmen zusammenschließen.

4 **WANDERAMEISE** • *Dorylinae* • Fast alle Kontinente • Anzahl der Insekten pro Kolonie: **10 Mio.**

Wanderameisen verlassen ihre Nester, um Nahrungsquellen zu plündern, die von Kundschaftern gefunden wurden, und legen eine chemische Spur, um wieder zurückzufinden.

5 **BLATTSCHNEIDERAMEISE** • *Atta/Acromyrmex* • Mittel- und Südamerika • Anzahl der Insekten pro Kolonie: **8 Mio.**

Die Ameisen schneiden und tragen Blätter, aus denen sie tief unter der Erde Nester bauen. Ein Nest kann mehr als 1000 Kammern umfassen und sich über 160m erstrecken.

6 **HÜGELBAUENDE TERMITEN** • *Macrotermitinae* • Afrika und Südostasien • Anzahl der Insekten pro Kolonie: **2 Mio.**

Termiten können in riesigen Kolonien Erde und Wasser transportieren, um bis zu 5m hohe Türme zu bauen.

7 **OSTAFRIKANISCHE HOCHLANDBIENE** • *Apis mellifera scutellata* • Afrika, Nord- und Südamerika • Anzahl der Insekten pro Kolonie: **800000**

Ostafrikanische Hochlandbienen schwärmen in großer Zahl aus, um ihre Nester zu schützen.

8 **ROTE FEUERAMEISE** • *Solenopsis invicta* • Süd- und Nordamerika • Anzahl der Insekten pro Kolonie: **500000**

Die Arbeiterinnen leben nur etwa fünf Wochen, aber die Königin kann bis zu 800 Eier pro Tag legen, um sie zu ersetzen.

9 **DEUTSCHE WESPE** • *Vespula germanica* • Fast alle Kontinente • Anzahl der Insekten pro Kolonie: **100000**

Ein eimergroßes Nest beherbergt etwa 15000 Arbeiterinnen. In älteren, größeren Nestern können über 100000 Wespen leben.

10 **DOLICHODERUS-MARIAE-AMEISE** • *Dolichoderus mariae* • Nordamerika • Anzahl der Insekten pro Kolonie: **75000**

Im Sommer wächst eine Kolonie von zwei Nestern auf etwa 60, die durch Pfade auf dem Boden miteinander verbunden sind.

MÜCKEN UND FLIEGEN

Fliegen sind eine große Gruppe von Insekten mit mehr als 120000 verschiedenen Arten. Dazu gehören Stubenfliegen, Schnaken, Schwebfliegen, Fruchtfliegen, Moskitos und Mücken.

ECHTE FLIEGEN haben nur **2 FLÜGEL** und **2 STUMMELIGE SCHWING-KÖLBCHEN**, mit denen sie **STEUERN**.

Die **AUGEN** einer **STIELAUGENFLIEGE** können **55mm AUSEINANDER** liegen, **3-mal** so weit, wie sie **BREIT** ist.

FLIEGEN GIBT ES auf der Erde seit **240 Mio. JAHREN**.

EINE WINZIGE MÜCKE, *Forcipomyia*, hält den Rekord für den **SCHNELLSTEN FLÜGELSCHLAG** eines Insekts: **1046 SCHLÄGE PRO SEKUNDE**.

Manche **MÜCKEN** durchlaufen ihren **LEBENSZYKLUS** in nur **7 Tagen**.

Stubenfliegen landen auf **KOT** und **FAULENDEN LEBENSMITTELN** und können

65

VERSCHIEDENE KEIME VERBREITEN.

ALLE FLIEGEN durchlaufen

4 Stadien:

EI, LARVE (genannt Made), **PUPPE** und **ERWACHSENES TIER.**

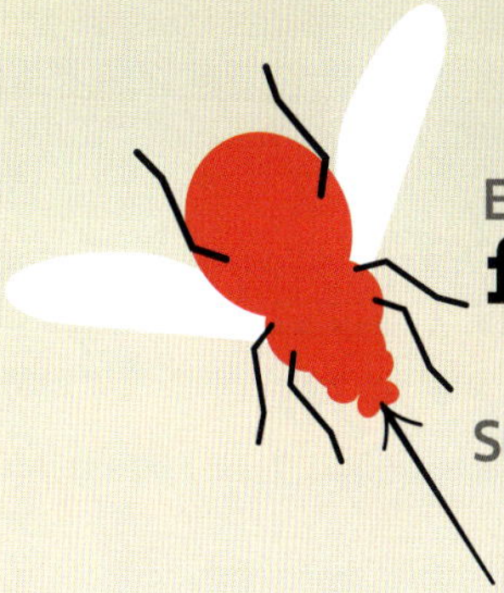

Eine **Nektar fressende Fliege** aus Südafrika hat den **LÄNGSTEN RÜSSEL** von allen: Er ist bis zu

8 cm lang.

AUF EINEN MENSCHEN kommen etwa **17 Mio. FLIEGEN.**

1994 flog eine **BREMSE** mit einer Fluggeschwindigkeit von **145 km/h**, was sie zum **SCHNELLSTEN FLIEGENDEN INSEKT** der Welt macht.

Um dich zu sehen und **DAVONZUSAUSEN**, braucht eine **FRUCHTFLIEGE** nur

100

MILLISEKUNDEN.

FLIEGEN BESTÄUBEN etwa

30%

aller Pflanzen, darunter **KAKAO**, aus dem Schokolade gemacht wird.

Die **RIESENSCHNAKE** *Holorusia mikado* aus China hat eine **BEINSPANNE** von bis zu

25,8 cm.

DAS IST SPEISETELLERGRÖSSE!

Wenn eine **WEIBLICHE MÜCKE** sticht, **SAUGT** sie etwa

0,005 ml BLUT.

Um einem Menschen das ganze Blut auszusaugen, bräuchte es mehr als

1 Mio. MÜCKEN.

FISCHE

Heldenhafte

HAIE

Es gibt 548 bekannte Haiarten, alle mit torpedoförmigen Körpern und Skeletten aus flexiblem Knorpel. Haie sind die größten Fische im Meer und Raubtiere, die besonders gut sehen, schmecken und riechen können. Raue Schuppen bedecken ihre Haut und es mangelt ihnen nicht an Zähnen.

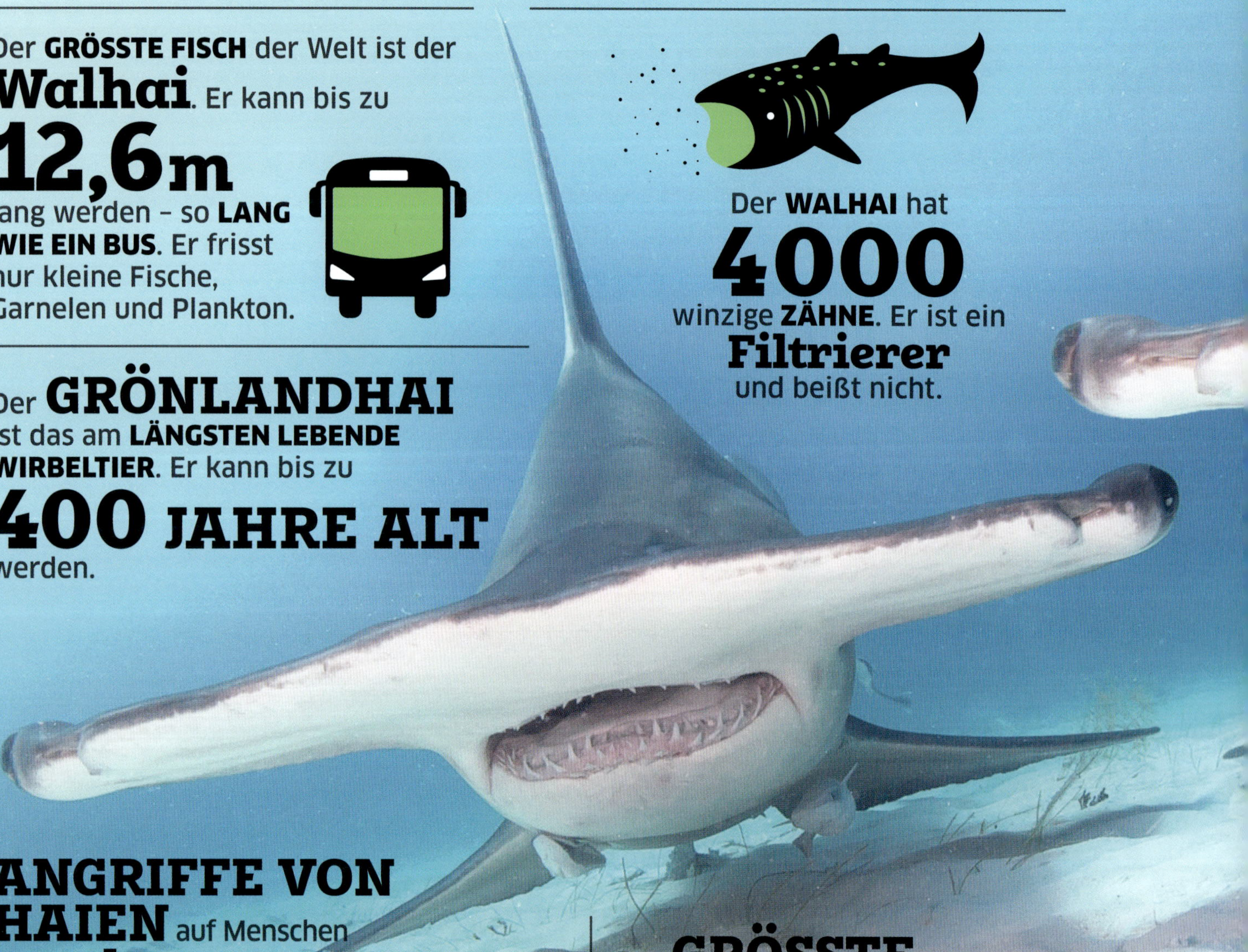

Der **GRÖSSTE FISCH** der Welt ist der **Walhai**. Er kann bis zu **12,6 m** lang werden – so **LANG WIE EIN BUS**. Er frisst nur kleine Fische, Garnelen und Plankton.

Der **WALHAI** hat **4000** winzige **ZÄHNE**. Er ist ein **Filtrierer** und beißt nicht.

Der **GRÖNLANDHAI** ist das am **LÄNGSTEN LEBENDE WIRBELTIER**. Er kann bis zu **400 JAHRE ALT** werden.

ANGRIFFE VON HAIEN auf Menschen sind **selten**. Die durchschnittliche Zahl von **HAIBISSEN** liegt bei **72 PRO JAHR**.

Der **GRÖSSTE** Raubfisch ist der **Weiße Hai**. Das **LÄNGSTE** gemessene Tier war **6,4 m** lang.

Der **FUCHSHAI** hat eine **3 m** lange **SCHWANZFLOSSE**. Sie ist fast **HALB SO LANG WIE SEIN KÖRPER**.

Der **Riesenhai ERNÄHRT** sich von **ZOOPLANKTON**, indem er jede Stunde **1,5 Mio. Liter MEERWASSER** durch seine Kiemen leitet.

Die meisten Haie **BRINGEN LEBENDE JUNGEN ZUR WELT**. Ein **WALHAI** trägt **300 JUNGE** aus.

Kragenhaie sind am **LÄNGSTEN TRÄCHTIG**. Sie tragen ihre Jungen **3,5 Jahre** aus.

Der **HAMMERHAI** hat auf beiden Seiten seiner **SCHNAUZE AUGEN**, sodass er einen **Rundumblick** hat.

Kurzflossenmakos SCHIESSEN bis zu **6 m** hoch aus dem Wasser und landen sogar auf Fischerbooten.

Wissenschaftler*innen fanden das **FOSSIL** eines **KOBOLDHAIS**. Es ist **100 Mio. JAHRE ALT**.

10000–12000 Schwarzspitzenhaie wurden **2016** in **FLORIDA (USA)** gesichtet.

Der **Zwerg-Laternenhai** wird nur **17,5 cm** lang. Er würde **IN DEINE HAND** passen.

Der **PEITSCHENROCHEN** aus dem Mekong (Kambodscha) ist der **GRÖSSTE FISCH**, der nur im **SÜSSWASSER** lebt. Ein Exemplar wurde

3,98m lang.

Der **RIESENMANTA** ist der **GRÖSSTE** in der Familie der Mantas. Die größte gemessene **FLOSSENSPANNWEITE** betrug

9,1m.

Der **SCHWARZTUPFEN-TORPEDOROCHEN** ist der **STÄRKSTE ELEKTRISCHE FISCH**. Er erzeugt

220 Volt.

MANTAS und **ROCHEN** haben **NULL KNOCHEN**. Ihre **SKELETTE BESTEHEN AUS KNORPEL**.

Es gibt **534 VERSCHIEDENE ROCHENARTEN**.

Alle **SÄGEFISCH-**Arten sind vom **AUSSTERBEN BEDROHT**. Der **SÄGEROCHEN** war früher in **75** Ländern zu finden. **HEUTE LEBT ER NUR NOCH IN**

20 Ländern.

Sichelflossen-Teufelsrochen leben in **TIEFEN** von bis zu **2000m**.

Eine Sägerochenart ist kleiner als die anderen. Der **ZWERGSÄGEROCHEN** ist nur

1,4m LANG.

Große Rochen und **MANTAS WANDERN AUF DER SUCHE NACH NAHRUNG** in Gruppen von bis zu

10000 TIEREN.

MANTAS UND ROCHEN

Mantas und Rochen gehören zu den Knorpelfischen. Es sind Fische mit großen Flossen und einem meist flachen Körper. Sie haben keine Schwimmblase – das bedeutet, dass sie sich auf verschiedenen Ebenen im Ozean bewegen können. Die Schwanzflosse eines Mantas ist in der Regel dicker als die eines Rochens.

Es wurden **STECH-ROCHEN-** Fossilien gefunden, die **150** **Mio. JAHRE** alt sind.

Rochen wie der **Gefleckte Adlerrochen** haben **2** **STARKE KIEFER**, mit denen sie Krebse zermalmen.

Das **MAUL EINES MANTAS** kann bis zu **2,5 m** **BREIT** sein.

ROCHEN findet man im flachen Wasser, aber auch in Tiefen von über **2700 m** **UNTER DEM MEERESSPIEGEL**.

GROSSE ROCHEN FRESSEN bis zu **30 kg** **PLANKTON PRO TAG**.

Die **Embryos** des **Weißrochens** bleiben bis zu **15** **MONATE** in ihrer **EIKAPSEL**.

SALZWASSER-FISCHE

Es gibt Billionen von Fischen im Meer und die meisten von ihnen sind Knochenfische. Sie haben also im Gegensatz zu Haien und Rochen, deren Skelett aus Knorpel besteht, ein Skelett aus Knochen. Knochenfische sind sehr unterschiedlich, manche sehen gar nicht wie Fische aus!

FISCHE GIBT ES seit über **500 Mio. Jahren**. Sie sind viel älter als die Dinosaurier.

Fliegende Fische springen aus dem Wasser und **GLEITEN** auf ihren flügelähnlichen Flossen bis zu **45 Sekunden** durch die Luft.

MEHR ALS 1 Milliarde ATLANTIKHERINGE schwimmen in einem **EINZIGEN SCHWARM**.

Das **ZWERG-SEEPFERDCHEN** ist einer der **LANGSAMSTEN** Fische, die es gibt. Es treibt mit **1,5m pro Stunde** dahin.

Der **GRÖSSTE KNOCHENFISCH** der Welt ist der **Mondfisch**. Er kann bis zu

3,3 m

LANG und bis zu **2,3 Tonnen** schwer werden.

Wenn **Sardinen** sich **BEDROHT** fühlen, bilden sie einen dichten **BALL** von bis zu

20 m

Durchmesser.

DICKKOPF-STACHELMAKRELEN springen bis zu **1 m** aus dem Wasser, um **VÖGEL ZU FANGEN** und zu fressen.

Eine **PFAUENFLUNDER** kann ihre **FARBE** innerhalb von **3 Sekunden** an die **UMGEBUNG ANPASSEN**.

Der **Lengdorsch** hat über **500 ZÄHNE**.

KUGELFISCHE und **IGELFISCHE** saugen Wasser ein, um ihre **KÖRPERGRÖSSE** auf das

3-Fache

AUFZUBLASEN.

Der **ausgestorbene Fisch** *Leedsichthys* konnte bis zu

16,5 m

lang werden. Er war größer als jeder heutige Fisch.

1/3 der **LÄNGE EINES SCHWERTFISCHS** misst sein **„Schwert"**, ein langer Schnabel, mit dem er seine Beute aufschlitzt.

Der **MEISTGEFISCHTE** Fisch ist die **PERUANISCHE SARDELLE**: Die Menschen fangen **etwa 500 Milliarden PRO JAHR**.

Es sind rund

28000

ARTEN VON KNOCHENFISCHEN bekannt. Allerdings leben einige in Flüssen und Seen und nicht im Meer.

TIEFSEEFISCHE

Tief unten in den Meeren und Ozeanen ist das Wasser kalt und dunkel, da unterhalb von 600 Metern kaum noch Sonnenlicht eindringt. In der Dunkelheit leben einige seltsame Meeresbewohner, darunter eine große Vielfalt von fantastischen Fischen.

Der Tiefsee-Schleimaal setzt Schleim frei, um Fressfeinde abzuwehren. **EIN SCHLEIMAAL** kann **20 LITER SCHLEIM** in **5 MINUTEN** produzieren.

Über **90%** **DES MEERS SIND TIEFSEE**, in der es noch viele **UNBEKANNTE ARTEN** zu **ENTDECKEN** gibt.

Der **MARIANEN-SCHEIBEN-BAUCH** lebt in Tiefen von **8 km**.

BORSTENMÄULER sind die **HÄUFIGSTEN** Fische. Es gibt Hunderte **Billionen** von ihnen.

Der **KLEINSTE FISCH DER WELT** ist ein **TIEFSEE-ANGLERFISCH**. Ein Männchen von *Photocorynus spiniceps* wird nur **6,2 mm** lang.

Die Extraaugen des **6-ÄUGIGEN GESPENSTERFISCHS** helfen ihm, **JEDE NOCH SO KLEINE LICHTQUELLE** in der Tiefsee zu entdecken.

Der **WASSERDRUCK** in **8000 m** Tiefe ist **800-MAL GRÖSSER** als an der Oberfläche und fühlt sich an, als ob **1600 ELEFANTEN** auf dir stünden.

Viele Tiefseefische sind klein, aber der **Yokozuna-Schwarzkopffisch** ist **2,5 m** lang.

Der **TIEFSEE-GÄNSEFISCH** hat **2 ZU FÜSSEN GEFORMTE FLOSSEN**, auf denen er läuft.

Der **PELIKANAAL** kann sein **MAUL ÖFFNEN** wie einen Regenschirm. Es wird **5-mal GRÖSSER ALS SEIN KÖRPER**.

ACANTHONUS ARMATUS hat das **KLEINSTE GEHIRN VON ALLEN FISCHEN**. Es macht nur **1/1000** seiner Körpermasse aus.

Peitschennasenangler haben den **LÄNGSTEN „KÖDER“**, um **BEUTE ANZULOCKEN**: einen langen Faden mit leuchtender Spitze. Er ist **3-mal SO LANG WIE IHR KÖRPER**.

Mindestens **50%** der **TIEFSEEFISCHE** sind **BIOLUMINESZENT**, das heißt sie können **LEUCHTEN**.

2 Anglerfische werden manchmal **zu 1**. Das **MÄNNCHEN VERSCHMILZT MIT DEM WEIBCHEN!**

DER **GRUSELIGE FANGZAHNFISCH** hat die **GRÖSSTEN ZÄHNE**. Ihre Länge entspricht **1/10** seiner Körperlänge.

TOP 10
DER SCHNELLSTEN FISCHE

FÄCHERFISCH • *Istiophorus platyperus* • Atlantik, Indischer Ozean und Pazifik • Höchstgeschwindigkeit: **113 km/h**

1

Mit seiner stromlinienförmigen Körperform und Muskeln, die ein Maximum an Energie und Kraft erzeugen, ist der Fächerfisch das schnellste Meeresraubtier.

2 **WAHOO** • *Acanthocybium solandri* • Atlantik, Mittelmeer, Indischer Ozean und Pazifik • Höchstgeschwindigkeit: **96 km/h**

Der Wahoo ist lang und schlank. Wenn er seine Beute, kleine Fische und Tintenfische, jagt, legt er plötzliche Sprints ein.

2 **KURZFLOSSEN-MAKO** • *Isurus oxyrinchus* • Atlantik, Indischer Ozean und Pazifik • Höchstgeschwindigkeit: **96 km/h**

Der Mako ist der schnellste Hai über kurze Distanzen. Während einer Verfolgungsjagd kann er sogar aus dem Wasser springen.

4 **GESTREIFTER MARLIN** • *Tetrapturus audax* • Südostatlantik, Indischer Ozean und Pazifik • Höchstgeschwindigkeit: **80 km/h**

Dieser Jäger nutzt seine Geschwindigkeit, um Fischschwärme zu jagen, bevor er mit seinem speerartigen Oberkiefer angreift.

4 **SCHWARZER MARLIN** • *Makaira indica* • Atlantik, Mittelmeer, Indischer Ozean und Pazifik • Höchstgeschwindigkeit: **80 km/h**

Dieser Fisch jagt andere schnell schwimmende Fische und schlitzt sie mit seinem langen Schnabel auf, bevor er sie verschlingt.

6 **ROTER THUN** • *Thunnus thynnus* • Atlantik, Mittelmeer und Pazifik, südliches Schwarzes Meer • Höchstgeschwindigkeit: **70 km/h**

Der riesige Jäger erzeugt mehr Körperwärme als jeder andere Fisch und hält so seine kräftigen Schwimmmuskeln in Topform.

7 **BLAUHAI** • *Prionace glauca* • Atlantik, Mittelmeer und Pazifik • Höchstgeschwindigkeit: **69 km/h**

Blauhaie arbeiten zusammen, um einen Fischschwarm einzukreisen, und schnappen sich dann blitzschnell die Beute.

8 **GRÄTENFISCH** • *Albula vulpes* • Weltweit in warmen Gewässern • Höchstgeschwindigkeit: **64 km/h**

Wenn Grätenfische zusammen schwimmen, haben sie alle die gleiche Geschwindigkeit und halten den gleichen Abstand zueinander.

8 **SCHWERTFISCH** • *Xiphias gladius* • Weltweit in warmen Gewässern • Höchstgeschwindigkeit: **64 km/h**

Der lange, scharfe Schnabel des Schwertfischs hat zwei Funktionen: Er dient zum Aufschlitzen der Beute und er macht den Körper stromlinienförmig.

10 **FLIEGENDER FISCH** • *Hirundichthys affinis* • Ostatlantik • Höchstgeschwindigkeit: **56 km/h**

Dieser Fisch kann noch schneller fliegen, als er schwimmt! Er katapultiert sich aus dem Wasser und gleitet mit bis zu 72 km/h durch die Luft.

Der **MEERESSONNENBARSCH** kann pro **LAICHVORGANG** bis zu

300 Mio. Eier

legen. Das ist mehr, als jeder andere Fisch legt.

Das **GIFT**

1 Kugelfischs

kann bis zu **30**

MENSCHEN

TÖTEN.

Die Größe von **Seepferdchen** reicht vom

2 cm langen **SATOMI-SEEPFERDCHEN** bis zum

35 cm langen **DICKBAUCH-SEEPFERDCHEN**.

Ein aufgeblasener **IGELFISCH** ist beim **ABSCHRECKEN VON FEINDEN** fast zu **100% ERFOLGREICH**.

SEEPFERDCHEN haben ihren ungewöhnlichen **AUFRECHTEN SCHWIMMSTIL** bereits vor **25 Mio. Jahren** entwickelt.

Ein **PAPAGEIEN-FISCH** hat etwa **1000 Zähne** in **15 Reihen**, die ständig wachsen.

Der **Papageienfisch** übt mit seinen **ZÄHNEN EINEN DRUCK** von

480 Tonnen

aus. **DAS ENTSPRICHT DEM GEWICHT VON 150 Flusspferden**.

TROPISCHE FISCHE

Nachdem das Weibchen des **Siamesischen Kampffischs** die **EIER** abgelegt hat, **TRÄGT DAS MÄNNCHEN SIE IM MAUL** zum Nest und **BEWACHT** sie bis zu **48 Stunden**.

Tropische Fische findet man in den wärmeren Gewässern um den Äquator. Du findest sie in Flüssen, Seen und Ozeanen. Die Bandbreite der tropischen Fische reicht von Goldfischen und Salmlern bis zu den exotischen Rotfeuerfischen und Clownfischen.

CLOWNFISCHE haben bei der Geburt nur **1 Geschlecht** – **MÄNNLICH**. Erst später **WERDEN EINIGE WEIBLICH**.

Es gibt **30 Arten** von bunten **CLOWNFISCHEN**. Den Namen verdanken sie dem Tanz, mit dem sie ihr Revier verteidigen.

Der **STEINFISCH** ist der **TÖDLICHSTE** Fisch der Welt. Seine **STACHELN** können einen Menschen in **1 Stunde TÖTEN**.

Der längste gemessene **SCHWARZE PIRANHA** war **41,4 cm** lang. Der **BISS** dieses Fisches ist **3-mal STÄRKER** als der eines gleich großen **ALLIGATORS**.

Um ihre **BEUTE ZU UMZINGELN**, schließen sich **ROTFEUERFISCHE** zu **2–4** Tieren zusammen. Sie fangen sie mit ihren **LANGEN FLOSSEN** ein.

Der **KLEINSTE KUGELFISCH** ist der **ZWERGKUGELFISCH**. Er ist nur **3,5 cm** lang.

CHLOROPHYLL findet sich in den meisten Pflanzen – und in den **AUGEN** von **1 TIER**, dem **Drachenfisch**.

Der **LÄNGSTE GOLDFISCH** der Welt war **47,4 cm** lang.

POLARFISCHE

Zu den Fischen, die in den arktischen und antarktischen Regionen leben, gehören bekannte Arten wie Schellfisch und Kabeljau, aber auch die weniger bekannten Eis- und Zahnfische. In diesen Gebieten leben weniger Fischarten als in den gemäßigten Gewässern und sie haben sich an das Leben in der Kälte angepasst.

Mehr als **60 Mio.** **NESTER VOM JONAHS EISFISCH** wurden in einem **240 km²** großen Gebiet **UNTER DEM SCHELFEIS** nahe der Antarktis gefunden.

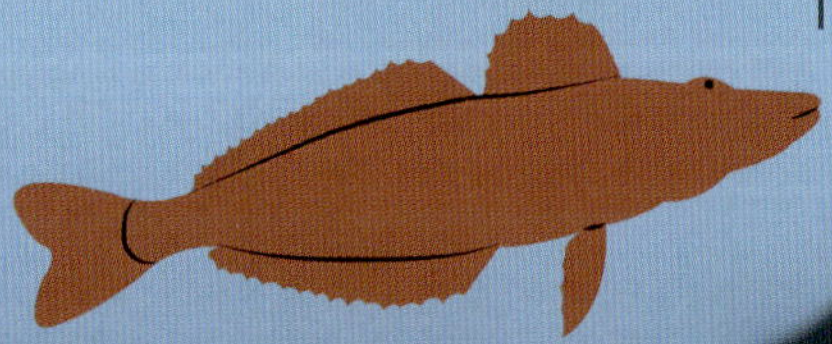

Eisfische haben **null Schuppen**. Sie haben auch **KEINE SCHWIMMBLASE**, da sie meist auf dem **MEERESGRUND** leben.

Mit einem Gewicht von **61,4 kg** ist der **CHINOOK-LACHS**, der im Arktischen Ozean lebt, der **schwerste Lachs**.

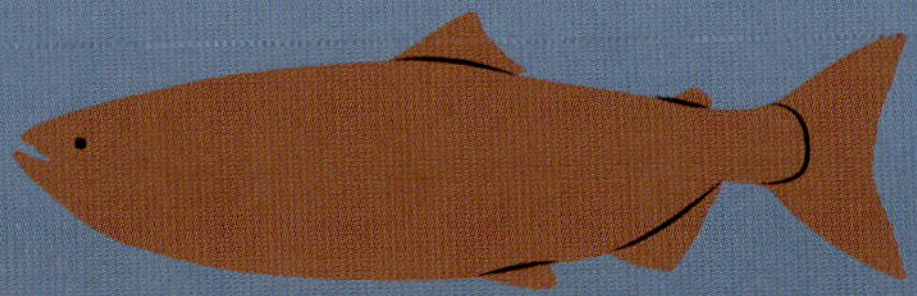

Nur etwa **100 Arten** von Fischen leben in **ANTARKTISCHEN GEWÄSSERN**. Das sind etwa **0,3% ALLER FISCHARTEN**.

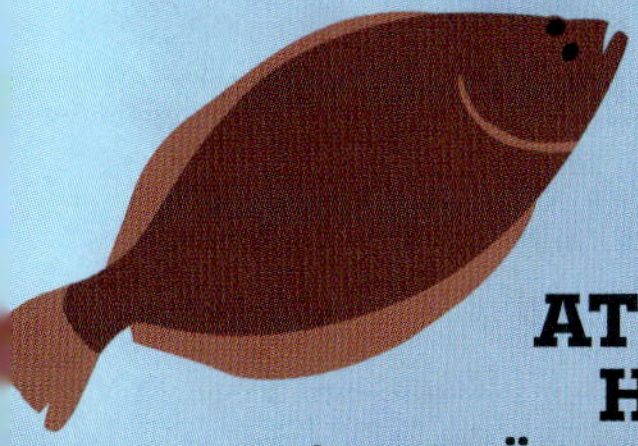

Der in arktischen Gewässern lebende **ATLANTISCHE HEILBUTT** ist der **GRÖSSTE PLATTFISCH.** Er wiegt bis zu **318 kg**.

Der gallertartige **Scheibenbauch** lebt in arktischen Gewässern in einer Tiefe von mehr als **1880 m**.

Es gibt mindestens **16 Arten** von **KROKODILEISFISCHEN**. Sie können in **POLAREN GEWÄSSERN ÜBERLEBEN**, weil ihr **BLUT EINEN STOFF ENTHÄLT**, der wie **FROSTSCHUTZMITTEL** wirkt.

In den arktischen Gewässern gibt es schätzungsweise **240 verschiedene Fischarten**.

KRILL macht **80–95 %** der Nahrung eines **KROKODILEISFISCHS** aus.

EISFISCHE können bis zu **50 cm** lang werden.

Der **ZAHNFISCH** ist der **GRÖSSTE ANTARKTISCHE FISCH.** Er wird bis zu **1,7 m** lang und **135 kg** schwer.

Arktische Neunaugen produzieren bis zu **100 000 EIER**, aber sie sterben nach dem Legen.

SEESAIBLINGE, die **7,6–89 cm** lang werden, sind die **NÖRDLICHSTEN SÜSSWASSERFISCHE DER WELT**.

Arktische **KABELJAUS** legen im Durchschnitt **11 900 Eier**, aber sie tun dies nur einmal in ihrem Leben.

Nur **1** Fisch **LEBT** in den **OFFENEN GEWÄSSERN DER ANTARKTIS** und nicht auf dem Meeresgrund: der **ANTARKTISCHE SILBERFISCH**.

Der **ARKTISCHE KABELJAU** fühlt sich am wohlsten in Gewässern mit Temperaturen von **0–4 °C**.

SÜSSWASSER-FISCHE

Süßwasserfische leben in Flüssen und Seen. Einige Fische, wie Aale, leben die meiste Zeit ihres Lebens im Süßwasser, werden aber im Salzwasser geboren. Andere, etwa die Neunaugen, beginnen ihr Leben im Süßwasser und wandern dann ins Meer.

Mit einem Gewicht von nur **4–5mg** ist die philippinische **ZWERGGRUNDEL** der **LEICHTESTE SÜSSWASSERFISCH.**

Der **GROSSMÄULIGE BÜFFELFISCH** lebt am längsten. In den USA wurde ein Tier entdeckt, das **112 Jahre** alt war.

Eine Art des **ZITTERAALS** kann **860 Volt PRODUZIEREN.** Damit könnte man **SIEBEN 40-WATT-LAMPEN** zum Leuchten bringen.

Nur knapp **3% DES WASSERS AUF DER ERDE** ist **SÜSSWASSER.** Aber **1/3 ALLER FISCHARTEN** leben im Süßwasser.

Die **GRÖSSTE FAMILIE** unter den Fischen bilden die **KARPFEN.** Es gibt mehr als **2400 Arten.**

Es gibt mehr als **18000 ARTEN** von **SÜSSWASSERFISCHEN.**

1/3 der **SÜSSWASSERFISCHE** sind vom **AUSSTERBEN BEDROHT.**

2 ARTEN von **Lungenfischen** in Afrika können **BIS ZU 4 Jahre AN LAND ÜBERLEBEN.** Sie atmen mit Kiemen und Lunge.

Der **RIESENTIGERSALMLER** kann bis zu **50 kg** wiegen. Er ist ein guter Jäger. Seine **SCHARFEN ZÄHNE** werden bis zu **2,5 cm** lang.

16 Arten von **SÜSSWASSERFISCHEN** sind im Jahr **2020** **AUSGESTORBEN**.

Ein **Neunauge** hat über **100 scharfe, hakenförmige Zähne** in mehreren Reihen.

Einige Arten von **KATZENFISCHEN** haben bis zu **175000 GESCHMACKSREZEPTOREN**.

Der **Löffelstör** kann bis zu **2,2 m** lang werden.

In Russland gibt es den **GRÖSSTEN SÜSSWASSERFISCH**, den **Belugastör**. Ein Exemplar soll **1571 kg** gewogen haben und **7,2 m** lang gewesen sein.

Der **IRANISCHE BELUGA-STÖR** ist das **TEUERSTE NAHRUNGSMITTEL DER WELT**. Die **EIER** werden **FÜR 23000 €** pro **1 kg** verkauft.

Der **PIRAPUTANGA** in Mittel- und Südamerika **FRISST FRÜCHTE** und kann **1 m** aus dem Wasser springen, um sie zu erreichen.

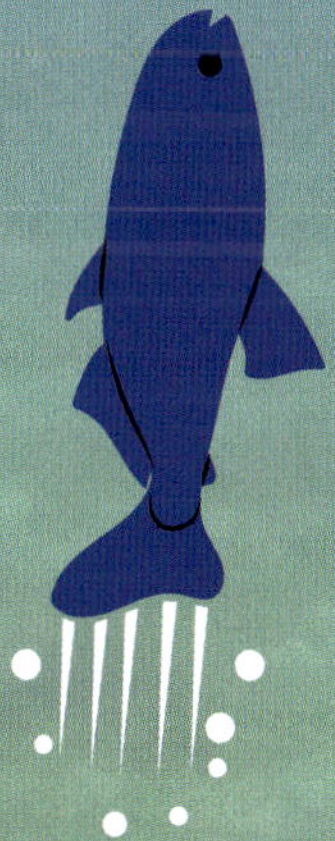

AMPHIBIEN UND REPTILIEN

Die weibliche **KRÖTE** legt bis zu **35000 EIER** in ein Gelege. Allein gelassen **STERBEN** die meisten.

Der **GROSSE HARLEKIN-FROSCH** ist als **KAULQUAPPE** größer. Mit

16,8 cm

ist die Kaulquappe

4-MAL GRÖSSER ALS DER ERWACHSENE FROSCH.

FRÖSCHE fangen Insekten mit einer **LANGEN, KLEBRIGEN ZUNGE**, die bis zu

30%

ihrer **KÖRPERLÄNGE** erreicht.

Der **SCHRECKLICHE PFEILGIFTFROSCH** hat genug **GIFT**, um **10 Menschen** zu **TÖTEN**.

Die kleinste **AMPHIBIE** ist der **AMAUFROSCH**. Er ist

7,7 mm groß

und könnte auf der Spitze eines **BLEISTIFTS HOCKEN**.

Der nordamerikanische **Eisfrosch** überlebt kalte Winter, indem er sich bis zu

8 Monate

EINFRIERT.

FRÖSCHE UND KRÖTEN

Frösche und Kröten beginnen ihr Leben im Wasser als Kaulquappen, bevor sie sich langsam in vierbeinige, fleischfressende Tiere verwandeln, die Sauerstoff und Wasser über die Haut aufnehmen.

Es gibt etwa **7500** bekannte **ARTEN** von **FRÖSCHEN UND KRÖTEN.**

Die **LAUTESTE AMPHIBIE** ist der **NORDAMERIKANISCHE OCHSENFROSCH.** Sein Quaken ist **400 m** weit zu hören.

Der **GLEITFROSCH** hat breite, klebrige Füße mit Flughäuten, dank derer er **BIS ZU 30 m** von Baum zu Baum gleiten kannt.

Frösche halten sich meist in Wassernähe auf, aber der **Kleine Wasserfrosch** und der **Grünfrosch HÜPFEN SCHON MAL 15 km** weit weg.

FRÖSCHE UND KRÖTEN haben **4 Zehen** an ihren **VORDERBEINEN,** aber **5** an den **HINTERBEINEN.**

Der **GRÖSSTE FROSCH** der Welt ist so groß wie ein Hase. Der **Goliathfrosch** kann bis zu **37 cm** lang werden und bis zu **3,7 kg** wiegen.

Das Männchen des **DARWIN-NASENFROSCHS** trägt die **KAULQUAPPEN** bis zu **60 TAGE IN SEINEM SCHALLBLASE,** bis sie zu Fröschen werden.

Der **PANAMA-STUMMELFUSSFROSCH** wurde im Regenwald eingefangen, um ihn zu schützen. Wahrscheinlich gibt es **null STUMMELFUSSFRÖSCHE IN FREIHEIT.**

Die weibliche **Geburtshelferkröte LEGT IHRE EIER** an **0,9–1,2 m** langen Schnüren ab. Das Männchen wickelt sie bis zum **SCHLÜPFEN** um seine Beine.

TOP 10
DER LANGLEBIGSTEN AMPHIBIEN

1

GROTTENOLM • *Proteus anguinus* • Mittel- und Südosteuropa • **ÜBER 70 JAHRE**

Der meist blinde, höhlenbewohnende rosafarbene Schwanzlurch jagt mit Geruchssinn, Gehör und elektrischer Orientierung. Er kann sogar 100 Jahre alt werden.

2 **JAPANISCHER RIESENSALAMANDER** • *Andrias japonicus* • Japan • **55 JAHRE**

Der Japanische Riesensalamander hat eine gemusterte Haut, die ihn in den Flüssen und Bächen, in denen er lebt, tarnt.

3 **AMERIKANISCHE KRÖTE** • *Anaxyrus americanus* • Nordamerika • **40 JAHRE**

Das Männchen gibt während der Brutzeit ein trillerndes Geräusch von sich, das an ein Telefonklingeln erinnert.

4 **ERDKRÖTE** • *Bufo bufo* • Europa • **35 JAHRE**

Die Erdkröte jagt meistens nachts. Mit ihrer langen Zunge kann sie sich schnell einen Käfer greifen.

5 **ZWEIZEHEN-AALMOLCH** • *Amphiuma means* • Südosten der USA • **27 JAHRE**

Im Unterschied zu anderen Molchen macht der Zweizehen-Aalmolch ein pfeifendes Geräusch, wenn er sich bedroht fühlt.

6 **FEUERSALAMANDER** • *Salamandra salamandra* • Europa • **25 JAHRE**

Der Feuersalamander hat leuchtend gelbe Flecken auf seinem Rücken. Eine Warnung an Fressfeinde, dass er giftig ist.

6 **FLECKEN-QUERZAHNMOLCH** • *Ambystoma maculatum* • Nordamerika • **25 JAHRE**

Dieser Molch schützt sich, indem er eine ekelhaft schmeckende milchige Flüssigkeit aus Drüsen an seinem Hinterteil absondert.

6 **ARMMOLCH** • *Siren lacertina* • Nordamerika • **25 JAHRE**

Der Armmolch hat winzige Vorderbeine und keine Hinterbeine. Außerdem hat er gefiederte Außenkiemen.

9 **KORALLENFINGER-LAUBFROSCH** • *Ranoidea caerulea* • Australien, Neuguinea • **16 JAHRE**

Dieser Laubfrosch hat große Zehenballen, mit denen er sich an Blättern und Ästen festhalten kann.

10 **ROTBAUCHUNKE** • *Bombina sp.* • Europa, Asien • **15–20 JAHRE**

Die Kröte hat leuchtend rote Muster auf ihrer Brust, die Fressfeinden signalisieren, dass sie scheußlich schmeckt.

SALAMANDER UND MOLCHE

Salamander und Molche sind Amphibien, ähnlich wie Frösche, aber mit langen Körpern und Schwänzen. Alle 682 Salamander- und Molcharten beginnen ihr Leben im Wasser und atmen wie Fische durch Kiemen, bevor sie sich durch Metamorphose in erwachsene Tiere verwandeln.

Der **RAUHÄUTIGE GELBBAUCHMOLCH** hat genug **GIFT** in seiner Haut, um

25000 Mäuse

zu **TÖTEN.**

MOLCHE waren schon im **WELTRAUM.** **1994** und **1995** wurden auf

2 Allmissionen

JAPANISCHE ROTBAUCHMOLCHE beim Eierlegen in der Schwerelosigkeit beobachtet.

Weibliche **TIGER-SALAMANDER** können in einer Brutsaison

7000 Eier

LEGEN.

Bei der Balz stellt das Männchen des **Südlichen Bandmolchs** seinen **5cm** hohen **KAMM** auf.

Salamander haben **null OHREN** und machen auch keine Geräusche.

Der **KLEINSTE** Salamander ist der **Mexikanische Klettersalamander** mit nur **2,5 cm** Länge, einschließlich Schwanz.

Der **Alpensalamander** legt etwa **60 EIER**, doch sie werden **ALLE VON DEN 1–4 JUNGEN**, die zuerst schlüpfen, gefressen.

Mit **38 Monaten** hat der **ALPENSALAMANDER** die **LÄNGSTE TRAGEZEIT** aller Landwirbeltiere.

Die **GRÖSSTE AMPHIBIE** ist der **Chinesische Riesensalamander**. Er kann bis zu **1,8 m** lang werden.

Der **JAPANISCHE RIESENSALAMANDER** lebt bis zu **50 Jahre**.

Der **LANGSCHWANZ-SALAMANDER** hat einen **10 cm LANGEN SCHWANZ**, er macht $^2/_3$ seiner **KÖRPERLÄNGE** aus.

Armmolche haben nur **1 BEINPAAR**. In Dürreperioden können sie sich **2 Jahre** in Schlamm eingraben, **OHNE ZU FRESSEN**.

Der **Alligatorsalamander** lebt auf Bäumen. Er kann bis zu **18 m** hoch klettern.

Der **Große Palmensalamander** kann in **7 Millisekunden SEINE ZUNGE AUSFAHREN UND BEUTE SCHNAPPEN**.

Der **Axolotl** schließt die **METAMORPHOSE NICHT AB** und bleibt im Wasser. In Seen in Mexiko gibt es nur noch etwa **50–1000** Tiere.

SCHILDKRÖTEN

Eine Schildkröte ist ein Reptil mit einem harten, schützenden Panzer auf der Ober- und Unterseite. Schildkröten leben sowohl im Wasser als auch auf dem Land. Wasserschildkröten gibt es in Meeren und Seen und sie haben Flossen. Landschildkröten haben anstelle der Flossen runde Füße und leben nur an Land. Sie graben Höhlen, die sie als Unterschlupf nutzen, um der heißen Sonne zu entkommen.

SCHILDKRÖTEN gibt es seit fast

300

Mio. Jahren.
Die **URZEITLICHEN VORFAHREN** hatten **ZÄHNE** und viele von ihnen hatten **KEINEN PANZER**.

SCHILDKRÖTEN LEGEN bis zu **100 Eier** auf einmal, immer an Land.

SCHILDKRÖTEN können mehrere

100 Jahre

leben. Das **ÄLTESTE LEBENDE TIER** ist vermutlich eine **ALDABRA-RIESENSCHILDKRÖTE**, die

1832

geboren wurde.

Die **LEDERSCHILDKRÖTE** kann bis zu **3m** lang werden und etwa **900kg** wiegen.

ARCHELON aus der Kreidezeit war die **GRÖSSTE SCHILDKRÖTENART**, die jemals existiert hat. Sie war mit etwa

3,5m

so lang wie ein **KLEINBUS**.

Viele Schildkröten **WANDERN**. **LEDERSCHILDKRÖTEN** legen pro Jahr bis zu **16000km** zurück.

Es gibt mehr als **300 SCHILDKRÖTENARTEN**. **129** davon sind **VOM AUSSTERBEN** bedroht.

Die **GESÄGTE FLACHSCHILDKRÖTE** wird nur bis zu **6 cm** groß und wiegt **95 g**.

SCHILDKRÖTEN sind sehr langsam. Den **GESCHWINDIGKEITSREKORD** hält Bertie aus Durham (England). Er erreichte im Juli **2014** eine Geschwindigkeit von **28 cm/s**.

2 RUSSISCHE SCHILDKRÖTEN flogen **1968** mit der Sonde **Zond 5** ins **ALL**.

Wenn eine **SCHILDKRÖTE** wächst, wächst auch ihr **PANZER**. Er ist **TEIL IHRES SKELETTS** und besteht aus mehr als **50 Knochen**, die von Platten bedeckt sind.

SCHILDKRÖTEN HABEN null Zähne, jedoch **SCHARFE LEISTEN** am Maul, mit denen sie Pflanzen und Fleisch schneiden.

FALSCHE LANDKARTEN-SCHILDKRÖTEN sind nach **3 Jahren ERWACHSEN**. Die **GRÜNE MEERESSCHILDKRÖTE** braucht dafür mehr als **40 Jahre**.

Die **GALAPAGOS-RIESENSCHILDKRÖTE** ist **100-mal GRÖSSER** als ihre engste Verwandte, die **ARGENTINISCHE LANDSCHILDKRÖTE**.

Es gibt **13 ARTEN** von **GALAPAGOS-RIESENSCHILDKRÖTEN**.

Giftige

SCHLANGEN

Manche Schlangen töten ihre Beute oder verteidigen sich mit Gift, das sie meist über ihre Reißzähne einspritzen. Die meisten Giftschlangen gibt es in Australien. Nur hier kannst du auf den tödlichen Inlandtaipan treffen. Zum Glück lebt er in abgelegenen Regionen, sodass er bisher noch keinen Menschen getötet hat.

Die **GIFTIGSTE** Landschlange ist der **INLANDTAIPAN. EIN BISS** kann mehr als

100mg

Gift enthalten.

1mg

ist für einen Menschen eine **TÖDLICHE DOSIS.**

Die **GABUNVIPER** hat die längsten **GIFTZÄHNE**. Jeder Zahn kann bis zu

5cm

lang sein.

In Asien gibt es **5 Arten** von **SCHLANGEN**, die durch die Luft **GLEITEN** können. Ihr **GIFT** ist für den Menschen **HARMLOS**.

Es gibt etwa **600 ARTEN** von **GIFTSCHLANGEN**.

Die

Königskobra

ist die **LÄNGSTE GIFTSCHLANGE**. Das längste gemessene Exemplar war

5,7m

lang.

In der **ANTARKTIS** gibt es

null

GIFTSCHLANGEN, dafür aber auf jedem anderen Kontinent.

Die **GIFTIGE INSELLANZENOTTER** gibt es nur an **1 ORT**.

Bis zu **5000** leben auf der **„SCHLANGENINSEL“** vor der Küste Brasiliens.

Die **SCHWARZE MAMBA** gilt als **SCHNELLSTE SCHLANGE DER WELT**. Sie erreicht eine Geschwindigkeit von **20,1 km/h**.

GIFTSCHLANGEN TÖTEN MEHR ALS 100 000 MENSCHEN im Jahr.

Die **GRUBENOTTER** hat **2 WÄRMEEMPFINDLICHE ORGANE** neben ihrem Maul, mit denen sie nachts ihre Beute an der **KÖRPERWÄRME ERKENNT**.

SCHLANGEN HÄUTEN SICH meist **3–6-mal** im Jahr.

Eine **ÖSTLICHE BRAUNSCHLANGE** kann einen Menschen in **15 MINUTEN TÖTEN.**

Die **DIAMANT-KLAPPERSCHLANGE** ist die **SCHWERSTE GIFTSCHLANGE**. Eine wog **15 kg**.

Etwa die **½** aller **TODESFÄLLE DURCH SCHLANGENBISSE** weltweit ereignet sich in **Indien**.

Die **Seeschlange** kann ihren **ATEM** fast **8 Stunden** anhalten.

Die **MOSAMBIK-SPEIKOBRA** ist nur **90 cm** lang, kann ihr **GIFT** aber **3 m** weit spucken.

WÜRGESCHLANGEN

Würgeschlangen, zu denen Boas und Pythons gehören, sind meistens nicht giftig. Sie wickeln ihren Körper um die Beute und pressen sie mit ihren starken Muskeln zusammen, bis das Tier keine Luft mehr bekommt. Dann schlucken sie es ganz herunter und verdauen es langsam.

Die **LÄNGSTE SCHLANGE** der Welt ist der **Netzpython**. Er kann bis zu **10 m** lang werden – **FAST SO LANG WIE EIN BUS**.

Die **Brasilianische Baumboa** ist **SUPERSELTEN**. Als **2017 EINE GEFANGEN** wurde, hatte man **64 Jahre** keine mehr gesehen.

Erwachsene Schlangen HÄUTEN sich **3–6-MAL IM JAHR**, **JUNGE** Schlangen 1–2-mal **im Monat**.

Die **SCHWERSTE SCHLANGE** der Welt ist die **Anakonda**. Sie kann **230 kg** wiegen. Das ist **MEHR, ALS EIN MÄNNLICHER GRIZZLYBÄR** wiegt.

Eine **WÜRGESCHLANGE** kann große **TIERE VERSCHLINGEN**. Ein **NÖRDLICHER FELSENPYTHON** wurde beobachtet, der ein **59 kg** schweres **Impala** fraß.

Die **Abgottschlange** wird in freier Wildbahn **30 Jahre** alt. Im **ZOO IN PHILADELPHIA** (USA) feierte ein Exemplar sogar seinen **40. Geburtstag**.

PYTHONS haben **4 Reihen** nach hinten gebogener **ZÄHNE** im **OBERKIEFER** und **2 Reihen** im **UNTERKIEFER**.

Abgottschlangen brauchen **4–6 TAGE**, um ihre Nahrung zu verdauen.

Schlangen kommen **1–2 WOCHEN** ohne **NAHRUNG** aus.

Es gibt **56 Arten** von **BOAS**. Sie leben auf **BÄUMEN** oder im **WASSER**.

Boas bringen **10–65 LEBENDE JUNGE ZUR WELT**. Die Jungtiere **BEFREIEN** sich von einer **DÜNNEN MEMBRAN** und beginnen zu atmen.

ABGOTT-SCHLANGEN haben **ÜBERRESTE VON 2 Hinter-beinen**.

PYTHONS bewegen sich **IN EINER GERADEN LINIE** vorwärts. Sie heben den Bauch an und schieben sich nach vorn. So **SCHLÄNGELN** sie mit **1,6 km/h**.

Während der **PAARUNG** bilden **Anakondas** Brutbälle aus bis zu **12 Männchen**, die sich um **1 WEIBCHEN** rollen. Danach darf das Weibchen **EIN MÄNNCHEN FRESSEN**.

LEGUANE UND VERWANDTE

Leguane sind Kaltblüter und Pflanzenfresser. Die Eidechsen haben spitze Schuppen auf dem Rücken und lange Schwänze. Die meisten leben auf Bäumen in den tropischen Wäldern von Mexiko, der Karibik und Südamerika. Leguane sind mit den Schleichenartigen verwandt, einer Gruppe, zu der auch Warane gehören. Die meisten sind Fleischfresser und viele von ihnen sind giftig.

Der **KOMODOWARAN** ist die **GRÖSSTE UND SCHWERSTE** Eidechse der Welt und das **GRÖSSTE GIFTIGE LANDTIER**. Er kann bis zu **166 kg** wiegen.

Der wahrscheinlich **KLEINSTE** Waran ist der **KURZSCHWANZWARAN**, der mit **25 cm** etwa so groß wird, wie ein menschlicher Fuß lang ist.

Leguane sehen nicht besonders **SCHNELL** aus, aber der **Schwarzleguan** ist mit **35 km/h** **SO SCHNELL WIE EIN SPORTLICHER LÄUFER**.

Auf Bäumen lebende **GRÜNE LEGUANE** können **12–15 m** tief auf niedrigere Äste oder auf den Boden springen, ohne sich zu verletzen.

Meerechsen können **60 MINUTEN UNTER WASSER** bleiben.

MAGELLANS BAUMLEGUANE leben weiter südlich als alle anderen Leguane, nämlich in **FEUERLAND** an der Spitze Südamerikas,

6000 km

vom Äquator entfernt.

Die **GILA-KRUSTENECHSE** ist die **GIFTIGSTE** Echse. **WENIGER ALS**

0,5 ml

ihres **GIFTS** können einen **MENSCHEN TÖTEN**.

Der **NILWARAN** lebt in Wassernähe in Afrika. Die Weibchen legen bis zu

60 Eier

IN TERMITENHÜGEL.

Ein **BLAUER LEGUAN** namens **GODZILLA** lebte

54 Jahre

in einem Zoo in Texas (USA). Möglicherweise wurde er insgesamt

69 Jahre alt.

Der **KOMODOWARAN** kann

80 %

seines **KÖRPERGEWICHTS** fressen und hat schon **WASSERBÜFFEL** angegriffen.

LEGUANE haben

3 Augen.

Zusätzlich zu den **BEIDEN AUGEN, MIT DENEN SIE SEHEN**, haben sie noch ein **SCHEITELAUGE** auf dem Kopf, das **HELL UND DUNKEL** unterscheiden kann.

KOMODOWARANE FRESSEN TOTE TIERE und können einen **KADAVER** aus

5 km

Entfernung erschnüffeln.

Die **BLINDSCHLEICHE** ist eine **EIDECHSE** mit **null Beinen**.

Die seltene **CHINESISCHE KROKODILSCHWANZECHSE** ist das **LETZTE ÜBERLEBENDE MITGLIED** der Gruppe ***Shinisauria***. Die Echsen lebten vor

120 Mio.

JAHREN zusammen mit den Dinosauriern.

Bei Temperaturen unter

10 °C

können **LEGUANE GEFRIEREN** und vom Baum fallen. Die meisten „tauen auf", wenn sie sich **ERWÄRMEN**.

Kraftvolle

KROKODILE

Krokodile sind große räuberische Reptilien, die es schon zu Zeiten der Dinosaurier gab. Zu den 23 Arten gehören Echte Krokodile, Alligatoren, Gaviale und Kaimane. Alle verbringen die meiste Zeit im Wasser, ruhen aber an Land und legen dort auch ihre Eier.

Im Extremfall kommt ein **Krokodil** etwa **1 Jahr** OHNE **Nahrung** aus.

Krokodilen WACHSEN im Lauf des **Lebens** bis zu **4000 Zähne** nach.

Leisten-krokodile sind stark genug, einen **1 TONNE** schweren **WASSERBÜFFEL ANZUGREIFEN.**

Ein **Leisten-krokodil** kann mit einer Kraft von **11 216 NEWTON ZUBEISSEN** – so kräftig, als würdest du vom **GEWICHT EINES AUTOS ZERQUETSCHT.**

Das **KLEINSTE** Krokodil ist der **Brauen-Glattstirn-kaiman**, der etwa **1,5 m LANG** wird.

GAVIALE legen die **größten Eier** unter den Krokodilen. Jedes ist etwa **90 mm** lang.

Das **ÄLTESTE** bekannte Krokodil war ein **Alligator** im **ZOO** in **BELGRAD (SERBIEN)**. Es wurde **80 Jahre** alt.

KROKODILE UND DINOSAURIER gehören zur Gruppe der **Archosaurier**, die schon vor **250 Mio. Jahren** lebten.

Das **SELTENSTE** Krokodil ist der **CHINA-ALLIGATOR**. Es gibt schätzungsweise **NUR 120 TIERE IN FREIHEIT.** Sie leben am chinesischen Fluss Jangtse.

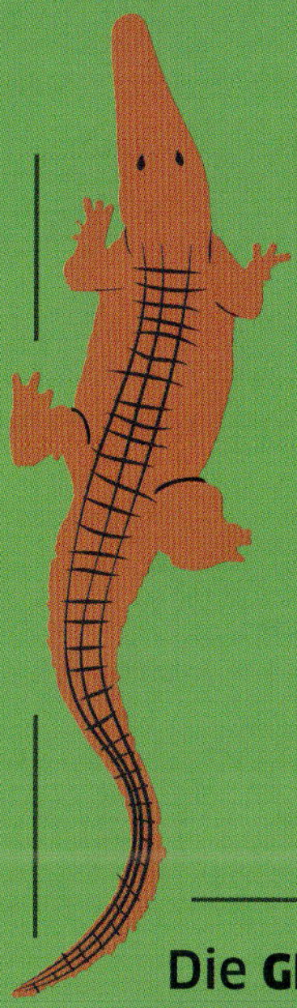

Das **GRÖSSTE** und **SCHWERSTE** Reptil ist das **Leisten-krokodil**. Es kann bis zu **7 m** lang und **1200 kg** schwer werden.

Die **GROSSE LUNGE EINES KROKODILS** erlaubt es ihm, **15 Minuten UNTER WASSER** zu bleiben.

Der fischfressende **GAVIAL** ist mit **110 scharfen ZÄHNEN** das Krokodil mit den meisten Zähnen.

Das größte bekannte **EIGELEGE** eines Krokodils gehörte einem **GAVIAL**. Das Weibchen legte **97 Eier**, von denen **69** schlüpften.

MISSISSIPPI-ALLIGATOR-weibchen **VERSORGEN** ihre **JUNGEN** bis zu **4 Jahre** nach dem Schlüpfen.

TOP 10 DER GRÖSSTEN REPTILIEN

1

LEISTENKROKODIL • *Crocodylus porosus* • Indien, Südostasien, Nordaustralien • Maximalgewicht: **1000 kg**

Das größte lebende Reptil, das Leistenkrokodil, ist ein Spitzenraubtier, das seine Beute ertränkt oder ganz verschluckt.

2 **NILKROKODIL** • *Crocodylus niloticus* • Afrika • Maximalgewicht: **750 kg**

Das Weibchen legt 16 bis 80 Eier in Flussufer-Nähe. In den ersten Wochen nach der Geburt bewacht es die geschlüpften Jungen.

3 **LEDERSCHILDKRÖTE** • *Dermochelys coriacea* • Weltweit • Maximalgewicht: **680 kg**

Die Lederschildkröte durchquert ganze Ozeane, um an einen bestimmten Strand zurückzukehren und dort ihre Eier abzulegen.

4 **MISSISSIPPI-ALLIGATOR** • *Alligator mississippiensis* • Südosten der USA • Maximalgewicht: **454 kg**

Das mächtige Raubtier hat einen auffallend großen vierten Zahn am Unterkiefer, der in ein Loch im Oberkiefer passt, wenn es sein Maul schließt.

5 **SUMPFKROKODIL** • *Crocodylus palustris* • Indischer Subkontinent • Maximalgewicht: **450 kg**

Ist es zu heiß oder zu kalt, gräbt sich das Sumpfkrokodil zum Schutz einen Bau.

6 **ORINOKO-KROKODIL** • *Crocodylus intermedius* • Kolumbien, Venezuela • Maximalgewicht: **400 kg**

Das vom Aussterben bedrohte Krokodil ist das größte Raubtier in Südamerika. Es ruht tagsüber und frisst in der Nacht.

6 **SCHWARZER KAIMAN** • *Melanosuchus niger* • Nord- und mittleres Südamerika • Maximalgewicht: **400 kg**

Die dunkle Farbe dieses großen Alligators tarnt ihn bei der nächtlichen Jagd im Amazonasbecken.

6 **SPITZKROKODIL** • *Crocodylus acutus* • Nord- und Südamerika • Maximalgewicht: **400 kg**

Das massige Krokodil ist ein Einzelgänger. Tagsüber sonnt es sich und öffnet seine Kiefer, um seine Körpertemperatur zu regulieren.

9 **GALAPAGOS-RIESENSCHILDKRÖTE** • *Chelonoidis niger* • Galapagosinseln • Maximalgewicht: **260 kg**

Die größte lebende Schildkröte hat einen langen Hals, um an Pflanzen zu gelangen. Sie kann über 100 Jahre alt werden.

0 **GANGESGAVIAL** • *Gavialis gangeticus* • Nordindien • Maximalgewicht: **250 kg**

Der Gangesgavial verbringt die meiste Zeit im Wasser, schnappt sich Fische und stopft sie sich dann mit dem Kopf zuerst ins Maul.

Skinke, Geckos und andere

ECHSEN

Skinke sind lange, dünne Echsen, die sich ohne Männchen fortpflanzen. Geckos sind insektenfressende Echsen mit gesprenkelter Haut und Haftfüßen, mit denen sie an der Decke laufen können. Mit ihnen verwandt sind Schlangenechsen, deren Beine zu Stummeln verkümmert sind.

GECKOZEHEN sind mit Härchen bedeckt, die **1/30** so dick sind wie ein **MENSCHENHAAR**. Damit können sich Geckos an der **WAND HALTEN**, als hätten sie **KLEBRIGE FÜSSE**.

Der **KLEINSTE** Gecko der Welt ist der **KUGELFINGER-GECKO** aus der Dominikanischen Republik. Er ist mit Schwanz nur **33mm** lang und hätte Platz auf deiner **FINGERKUPPE**.

Der **Leopardgecko** kann in Gefangenschaft **25 Jahre** alt werden.

Geckos erklimmen eine Wand mit einer Geschwindigkeit von **1m/s**.

Der **GRÖSSTE LEBENDE** Gecko ist der **Neukaledonische Riesengecko**. Er wird bis zu **36cm** groß und wiegt bis zu **300g**.

Wenn ein Raubtier einen **Gecko** packt, kann dieser **SEINEN SCHWANZ ABWERFEN**. Nach **30 Tagen** ist ein neuer gewachsen.

GECKOS haben **null AUGENLIDER**. Sie **LECKEN IHRE AUGEN** mit der **ZUNGE SAUBER**.

Der **Riesenlaubschwanzgecko** aus Madagaskar hat die **MEISTEN ZÄHNE** aller lebenden Landtiere:

169

OBEN und

148

UNTEN.

Skinke sind die **GRÖSSTE ECHSENFAMILIE**. Es gibt mehr als

1500

ARTEN.

Der **Friedensdelma** ist eine **BEINLOSE ECHSE** aus Australien. Sie kann **60-Dezibel-Töne** hören, eine Oktave über dem höchsten Ton auf dem Klavier.

Der **GRÖSSTE SKINK** der Welt lebt auf den Salomoninseln. Er kann bis zu

81cm groß werden,

DEN Greifschwanz MITGERECHNET, mit dem er sich festhalten kann.

Der **Goldstaub-Taggecko** kann **10 Eier** auf einmal legen.

Die australische **Tannenzapfenechse** bringt Jungen, die

1/3

ihres Körpergewichts wiegen, zur Welt. Das ist so, als würde eine Frau ein **6-JÄHRIGES KIND** gebären.

Der **GRÖSSTE BEKANNTE** Gecko ist ein ausgestopfter **KAWEKAWEAU-GECKO**, der in einem Museum in Frankreich ausgestellt ist. Er ist

61cm

lang.

SCHLANGENECHSEN teilen sich ihre Nester. Der **BURTONS SPITZKOPF-FLOSSENFUSS** legt **1–3 EIER**, aber **BIS ZU 20** können **IN EINEM NEST** liegen.

Das **ROTAUGEN-BUSCHKROKODIL** hat **4 Stachelreihen** auf Rücken und Schwanz. Damit kann es **DUFTSTOFFE ABSONDERN**.

VÖGEL

Der **RUF DES KASUARS** ist der **TIEFSTE TON**, den Vögel von sich geben. Er liegt mit **32 Hz** knapp in dem Bereich, den der Mensch noch hören kann.

Der **Strauß** ist der **GRÖSSTE VOGEL DER WELT**. Männchen sind bis zu **2,75 m** hoch. Das ist **1,5-mal** so groß wie ein erwachsener **MENSCH**.

NANDUS legen ihre Eier in **GEMEINSAME NESTER**. Bis zu **30 Eier** können in einem Nest liegen, wo sie von einem Männchen warm gehalten werden.

KIWIS gibt es seit mehr als **30 Mio. Jahren**. Sie sind die **ÄLTESTEN LEBENDEN VÖGEL**.

Strauße können **SCHNELLER LAUFEN** als jeder andere Vogel, nämlich **72 km/h**.

EIN STRAUSSEN-AUGE hat einen Durchmesser von **5 cm**, **DAS ENTSPRICHT EINER BILLIARDKUGEL**.

Der **Strauß** legt von allen Tieren das **GRÖSSTE EI**. Er legt es in eine Grube im Boden. Es ist **15 cm** groß und wiegt **1,4 kg**.

Der neuseeländische **Kakapo** ist der **SCHWERSTE PAPAGEI DER WELT**. Der nachtaktive, flugunfähige Vogel kann bis zu **3 kg** wiegen.

Kasuare KÄMPFEN MIT DEN FÜSSEN. Sie haben **SCHARFE**, bis zu **10 cm** lange Klauen.

FLUGUNFÄHIGE VÖGEL

Strauße, Emus, Kasuare, Nadus und Kiwis sind flugunfähige Vögel aus der Gruppe der Laufvögel. Andere flugunfähige Vögel sind der Kakapo – ein Papagei aus Neuseeland – und Pinguine (siehe S. 88–89).

Der **STRAUSS** legt **DAS STABILSTE VOGELEI**. Ein **115 kg** schwerer **RIESENPANDA** könnte **DARAUF SITZEN**, ohne es zu **BESCHÄDIGEN**.

In Freiheit kann der **KAKAPO** **27–60** **JAHRE ALT** werden.

Emus legen **500 km** oder mehr zurück, um **NAHRUNG ZU FINDEN**.

STRAUSSE ziehen Küken gemeinsam auf. In einer **KINDERSTUBE** leben bis zu **300 BABYS**.

Der Ruf des **NÖRDLICHEN STREIFENKIWIS** ist bis zu **1,5 km** weit zu hören.

Kiwis legen im **VERGLEICH ZU IHRER KÖRPERGRÖSSE DIE GRÖSSTEN EIER**. Der Nördliche Streifenkiwi kann ein Ei mit einem Gewicht von **406 g** legen. Das sind fast **25 %** seiner **KÖRPERMASSE**.

STRAUSSE sind die einzigen Vögel, die nur **2 Zehen** an **JEDEM FUSS** haben. Alle anderen **VÖGEL** haben **3 ODER 4**.

Putzige
PINGUINE

Pinguine sind Seevögel. Sie können nicht fliegen, sind aber hervorragende Schwimmer mit starken Muskeln und Schwimmfüßen. Zum Laufen an Land sind diese Füße nicht ideal, also watschelt, hüpft oder rutscht ein Pinguin auf dem Bauch. Fast alle Arten leben südlich des Äquators.

PINGUINE können etwa **24 km/h** schnell **SCHWIMMEN**, aber der **HUMBOLDT-PINGUIN** erreicht über kurze Distanzen bis zu **48 km/h**.

Es gibt etwa **18 Mio. GOLDSCHOPFPINGUINE**. Keine andere Pinguinart zählt mehr Tiere.

Die **kleinsten Pinguine** findet man in Südaustralien und Neuseeland. Der **ZWERG-PINGUIN** ist nur **40 cm** groß.

Wenn sich **ESELS-PINGUINE MAUSERN** und ihre Federn ersetzen, können sie mehr als die **½ IHRER KÖRPERMASSE** verlieren.

Vor **37 Mio. JAHREN** lebte eine **2 m** große Pinguinart. Die Vögel waren **GRÖSSER ALS EIN DURCHSCHNITTLICHER MENSCH**.

Es gibt **18 OFFIZIELL ANERKANNTE PINGUINARTEN**, von denen weniger als die **½ IN DER ANTARKTIS LEBT**.

KRILL macht bis zu **90 %** der Nahrung eines **GOLDSCHOPF-PINGUINS** aus. Sie fressen **MEHRERE Mio. Tonnen** dieser winzigen Krustentiere pro Jahr.

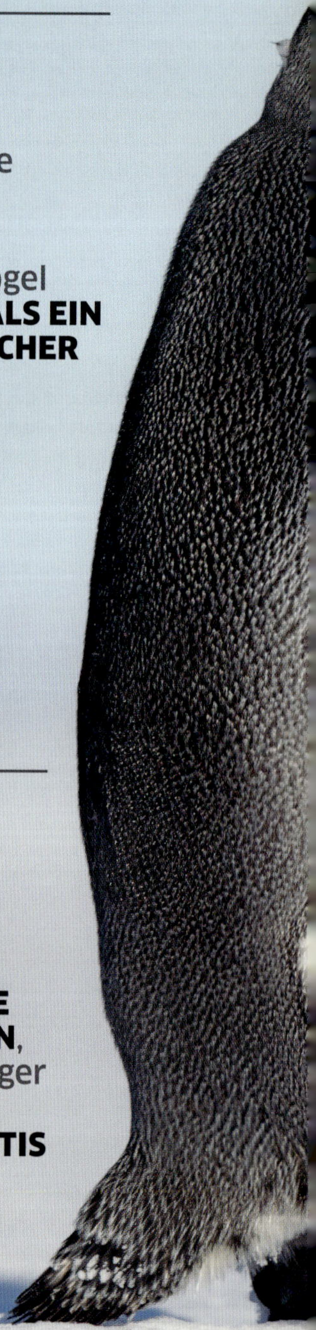

Der **GELBAUGEN-PINGUIN** ist die am **MEISTEN GEFÄHRDETE** Pinguinart. Es gibt nur noch etwa

4000

Tiere **IN FREIER WILDBAHN**.

KÖNIGSPINGUINE galten als die **GRÖSSTE PINGUIN-ART**. Doch dann wurde entdeckt, dass **KAISERPINGUINE** etwa **30 cm GRÖSSER** sind.

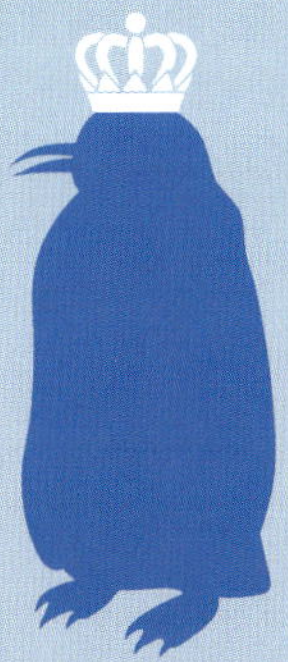

In der Antarktis lebt die **GRÖSSTE PINGUINKOLONIE** der Welt. Bis zu **2 Mio. ZÜGEL-PINGUINE** brüten an den Hängen eines aktiven Vulkans.

Ein **KAISERPINGUIN** hält den Rekord für den **TIEFSTEN TAUCHGANG** eines Vogels. Er tauchte **564 m TIEF.**

PINGUINE fressen täglich bis zu

5 kg

FISCH.

PINGUINE verbringen bis zu

80 %

ihres **LEBENS IM WASSER**. Sie können mehr als **200-mal am Tag UNTERTAUCHEN**.

LUFTBLASEN HELFEN Pinguinen, aus dem Wasser zu springen. **KLEINERE PINGUINE** können bis zu

2,7 m

IN DIE LUFT SPRINGEN.

Es gibt etwa

54

KAISERPINGUIN-KOLONIEN in der Antarktis. Etwa die **HÄLFTE** von ihnen **ENTDECKTEN SATELLITEN**, die die **GROSSEN KOTFLECKEN** an den Brutplätzen erkennen können.

Die **LÄNGSTEN FEDERN** eines Wildvogels sind die des **KÖNIGSFASANS**. Sie können bis zu **2,4m** lang werden.

Ein männlicher **FASAN** kann eine Gruppe, genannt **HAREM**, mit bis zu **12 HENNEN** bilden.

FASANE bewegen sich **LIEBER AUF DEM BODEN**, statt zu fliegen, und können **16km/h** schnell laufen.

Die **ÜBERLEBENSCHANCE** eines **FASANS** liegt in einem **MILDEN WINTER** bei etwa **95%**. In einem **KALTEN WINTER** sinkt sie auf **20%**.

Ein männlicher **GOLDFASAN** kann eine **FLÜGELSPANNWEITE** von **75cm** erreichen.

Die **DURCHSCHNITTLICHE LÄNGE** eines **FASANS** liegt bei **61cm**.

Der **GRÖSSTE** Pfau ist der **ÄHRENTRÄGERPFAU**. Manche Vögel können bis zu **3m** lang werden. Damit ist er wohl der **LÄNGSTE LEBENDE VOGEL**.

Die **BUNTE SCHLEPPE EINES PFAUS** kann bis zu **1,8m** lang sein. Die **LANGEN FEDERN** sind an seinem kurzen Schwanz befestigt.

Der Schwanz eines **ERWACHSENEN PFAUS** hat etwa **200 Federn**. Sie fallen jedes Jahr aus und wachsen neu.

PFAUE entwickeln im **Alter von 2** Jahren ihre **ERSTE SCHLEPPE**. Etwa **4 Jahre später** erreicht sie ihre **MAXIMALE LÄNGE**.

FASANE UND REBHÜHNER

Fasane und Rebhühner gehören zur selben Vogelfamilie, aber sie unterscheiden sich in Größe und Farbe. Rebhühner haben in der Regel kurze Schwänze, die der Fasane sind länger. Pfaue sind mit Fasanen verwandt. Die Männchen sind berühmt für ihr buntes Gefieder.

PFAUE haben **11 verschiedene Rufe**. Die Hähne sind lauter als die Hennen.

Das **Steinhuhn LEGT SEINE EIER** in **2 Nester**. Hahn und Henne bewachen jeweils eins.

REBHÜHNER legen **MEHR EIER** als andere Wildvögel, nämlich **10–20** **EIER PRO GELEGE**.

1913 wurde **ERSTMALS EINE FEDER** von einem **KONGOPFAU GEFUNDEN**. Die **SUCHE NACH DER ART** dauerte **23 Jahre**.

Ein **REBHUHN** ist etwa **30 cm** **GROSS**.

Der **SCHWANZ EINES PFAUS** kann mehr als **60% SEINER KÖRPERLÄNGE AUSMACHEN**.

Die meisten **REBHUHN**küken **VERLASSEN DAS NEST** wenige Stunden nach dem Schlüpfen. Aber **STRAUSSWACHTELN** bleiben **1 WOCHE** im Nest.

Die meisten **REBHÜHNER** werden etwa **2 Jahre** alt. Das **ROTHUHN** kann **6 Jahre** alt werden.

Friedliche

TAUBEN

Es gibt viele Taubenarten. Alle haben einen kräftigen Rumpf und einen relativ kleinen Kopf, der sich beim Laufen vor und zurück zu bewegen scheint, tatsächlich aber nachgezogen wird. Die meisten Tauben sind grau, graublau oder braun gefärbt. Es gibt aber auch einige farbenprächtige Arten.

Tauben können **FREQUENZEN BIS 0,5 Hz** hören. Das sind sehr tiefe Töne, die viele andere Tiere nicht hören.

TRAUER-TAUBEN fliegen auf der **SUCHE NACH NAHRUNG** bis zu **30 km** weit.

2 FRIEDENS-TAUBEN wurden **2014** im **VATIKAN** fliegen gelassen und von anderen Vögeln **ANGEGRIFFEN**, weil sie mit ihrem **WEISSEN GEFIEDER** auffielen.

Im **19. JAHRHUNDERT** gab es etwa **10 MILLIARDEN WANDERTAUBEN IN NORDAMERIKA**. Sie waren damit die häufigsten Vögel.

Carolina-tauben FRESSEN täglich bis zu **20 %** ihres **KÖRPERGEWICHTS**.

Eine **TAUBE** kann aus einer Entfernung von **2000 km** ihren Weg zurück ins Nest finden.

Tauben ÜBERBRACHTEN in beiden **WELTKRIEGEN NACHRICHTEN. 1918** rettete die Taube **CHER AMI** dadurch **194** gestrandete **US-SOLDATEN**.

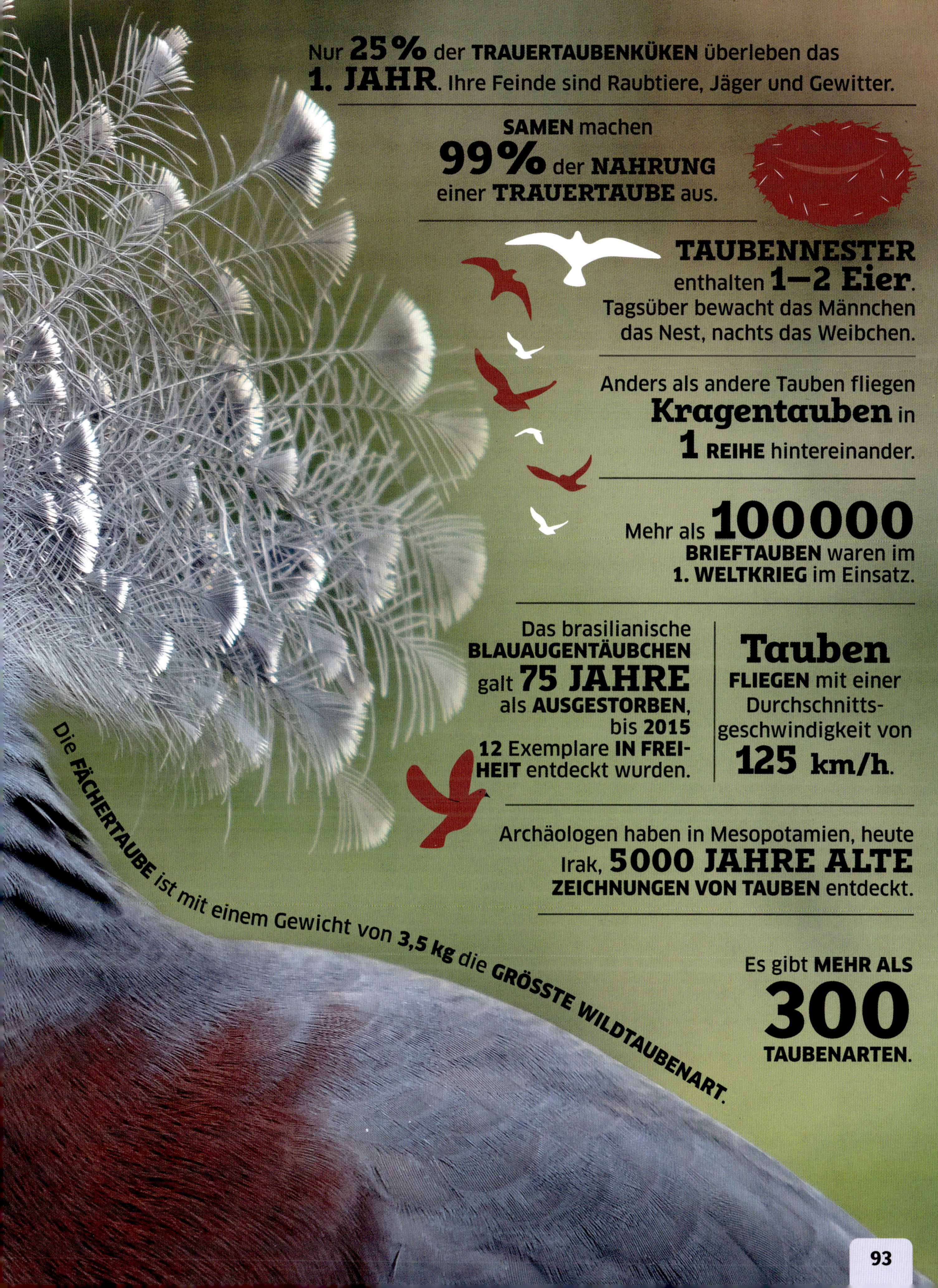

Nur **25 %** der **TRAUERTAUBENKÜKEN** überleben das **1. JAHR**. Ihre Feinde sind Raubtiere, Jäger und Gewitter.

SAMEN machen **99 %** der **NAHRUNG** einer **TRAUERTAUBE** aus.

TAUBENNESTER enthalten **1–2 Eier**. Tagsüber bewacht das Männchen das Nest, nachts das Weibchen.

Anders als andere Tauben fliegen **Kragentauben** in **1 REIHE** hintereinander.

Mehr als **100000 BRIEFTAUBEN** waren im **1. WELTKRIEG** im Einsatz.

Das brasilianische **BLAUAUGENTÄUBCHEN** galt **75 JAHRE** als **AUSGESTORBEN**, bis **2015** 12 Exemplare **IN FREIHEIT** entdeckt wurden.

Tauben FLIEGEN mit einer Durchschnittsgeschwindigkeit von **125 km/h**.

Archäologen haben in Mesopotamien, heute Irak, **5000 JAHRE ALTE ZEICHNUNGEN VON TAUBEN** entdeckt.

Es gibt **MEHR ALS 300 TAUBENARTEN**.

Die **FÄCHERTAUBE** ist mit einem Gewicht von **3,5 kg** die **GRÖSSTE WILDTAUBENART.**

PAPAGEIEN UND TUKANE

Papageien sind kluge, gesellige Vögel, die in tropischen Lebensräumen zu Hause sind. Sie sind laut und können sogar die menschliche Sprache nachahmen. Tukane und Papageien sind keine engen Verwandten. Papageien haben kleine, kräftige Schnäbel, die der Tukane sind lang und breit.

Graupapageien können so **INTELLIGENT** sein wie ein **5-jähriges Kind**.

Der **PALMKAKADU** hat den **größten Schnabel** aller Papageien. Er wird bis zu **8,9 cm** lang.

Der **LAUTESTE PAPAGEI** ist der **Molukkenkakadu**. Seine **135 Dezibel** lauten **RUFE** sind lauter als ein startendes **FLUGZEUG**.

Der **SCHNELLSTE** Papagei ist der **Schwalbensittich**, der fast **90 km/h** erreicht.

Es gibt fast **400 Arten VON PAPAGEIEN.**

Alle **PAPAGEIEN** haben **4 Zehen** an jedem Fuß: **ZWEI ZEIGEN NACH VORN, ZWEI NACH HINTEN.**

Der **KLEINSTE PAPAGEI**, der **Braunstirn-Spechtpapagei**, ist so groß wie ein **FINGER** und wiegt **11,5 g**.

Der **BUNTE SCHNABEL** eines **FISCHERTUKANS** macht fast die **½** seiner Länge aus.

Mit einem Gewicht von **875 g** und einer Länge von **65 cm** ist der **Fischertukan** der **GRÖSSTE** Tukan.

Wahrscheinlich gibt es nur etwa **10 000 Tukane** in freier Wildbahn.

Die meisten **TUKAN-KÜKEN** wiegen beim Schlüpfen etwa **40 g**, aber **4 MONATE** später bringen sie **1 kg** oder mehr auf die Waage.

TUKANE sind gesellige Tiere und leben in **SCHWÄRMEN** von bis zu **22 Vögeln**.

Der **KAKAPO**, der nur in **NEUSEELAND** vorkommt, ist der **schwerste PAPAGEI** und wiegt bis zu **4 kg**.

Die federähnliche **ZUNGE** eines **Tukans** ist bis zu **15 cm** lang und **SCHIEBT DIE NAHRUNG** in den Rachen.

GROSSE PAPAGEIEN können bis zu **50 JAHRE** alt werden. Ein **KAKADU** namens **COOKIE** wurde sogar **83 JAHRE** alt.

TOP 10 DER LÄNGSTEN SCHNÄBEL

1 PELIKANE • *Pelecanus* • Fast alle Kontinente, aber nicht die Polarregionen • Maximale Schnabellänge: **47 cm**

Ein Pelikan hat einen langen, großen Schnabel mit einem elastischen Beutel. Der australische Brillenpelikan ist der Weltrekordhalter – einen längeren Schnabel hat niemand.

2 **STÖRCHE** • *Ciconiidae* • Fast alle Kontinente, aber nicht die Polarregionen und selten in Australien • Maximale Schnabellänge: **40 cm**

Der Marabu gehört zu den größten Storcharten. Er hat einen langen, scharfen Schnabel und einen großen, rosafarbenen Kehlsack.

3 **NASHORNVÖGEL** • *Bucerotidae* • Afrika und Asien • Maximale Schnabellänge: **30 cm**

Viele Nashornvögel haben eine Resonanzkammer an ihrem Schnabel, die den Ruf des Vogels verstärkt.

4 **SCHUHSCHNABEL** • *Balaeniceps rex* • Ostafrika • Maximale Schnabellänge: **23,9 cm**

Dieser bizarr aussehende Vogel sticht mit seinem großen Schnabel nach Schildkröten, Schlangen oder Welsen.

4 **LÖFFLER** • *Platalea* • Alle Kontinente außer Antarktis • Maximale Schnabellänge: **23,9 cm**

Löfflerküken schlüpfen mit geradem Schnabel; die Löffelform wächst erst mit der Entwicklung des Kükens.

6 **BRACHVÖGEL** • *Numenius* • Weltweit • Maximale Schnabellänge: **22,9 cm**

Mit der Schnabelspitze stochert der Große Brachvogel wie mit einer Pinzette im Schlamm nach Nahrung.

7 **GOLIATHREIHER** • *Ardea goliath* • Afrika und Asien • Maximale Schnabellänge: **22,6 cm**

Goliathreiher spießen einen Fisch mit geschlossenem Schnabel auf. Sie bringen ihn an Land und warten, bis er tot ist, bevor sie den Schnabel öffnen, um ihn zu verschlingen.

8 **TUKANE** • *Ramphastidae* • Mittel- und Südamerika • Maximale Schnabellänge: **20,3 cm**

Der Schnabel eines Tukans sieht schwer aus, ist aber sehr leicht. Er besteht aus einem robusten Material mit Luftlöchern.

9 **FLAMINGOS** • *Phoenicopteriformes* • Nord- und Südamerika, Europa, Afrika und Asien • Maximale Schnabellänge: **17,8 cm**

Flamingos filtern mit den zahnähnlichen Rillen an den Außenseiten des Schnabels Nahrung aus dem Wasser.

9 **FREGATTVÖGEL** • *Fregata* • Tropische Regionen weltweit • Maximale Schnabellänge: **17,8 cm**

Mit ihren langen, hakenförmigen Schnäbeln stehlen Fregattvögel anderen Vögeln manchmal Fische.

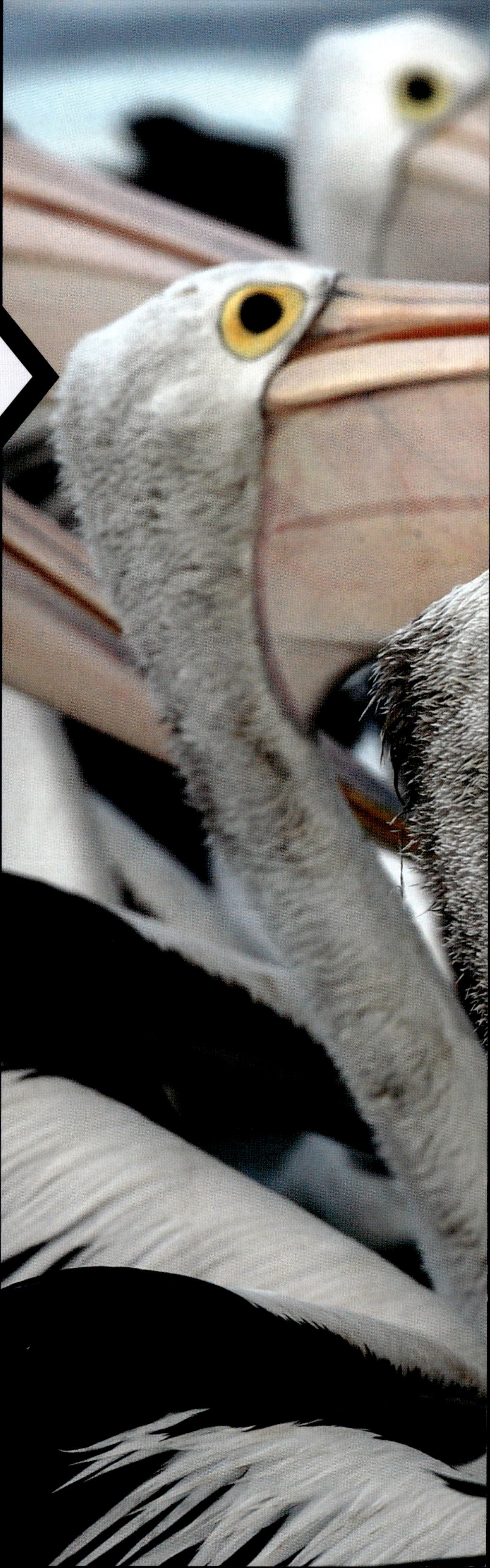

KOLIBRIS UND SEGLER

Winzige Kolibris und Segler sind schnell fliegende Vögel, die sich selten niederlassen. Kolibris sind Nektarfresser, die mit flatternden Flügeln superschnell schweben. Ihre Flügel bewegen sich schneller als die aller anderen Vögel.

Der **SCHNELLSTE FLÜGELSCHLAG**, der je gemessen wurde, ist der des **GOLDHAUBEN-Schmuckkolibris**. Es waren **90 SCHLÄGE** pro Sekunde.

KOLIBRIS können bis zu **7 JAHRE ALT** werden.

KOLIBRIS brauchen **JEDEN TAG** das **1,5-Fache** ihres **KÖRPERGEWICHTS** an **NAHRUNG**.

Der **Mauersegler** kann in **2 Jahren 500 000 km NONSTOP** fliegen.

Die **KLEINSTEN VOGELNESTER** sind die der **ZWERGELFE**. Sie sind **2,5 cm** groß und damit halb so groß wie eine **WALNUSS**.

Beim **BALZTANZ STÜRZT** das Männchen des **Annakolibris** mit **80 km/h** in die Tiefe, um dann wieder nach oben zu schießen.

SEGLER haben ungewöhnliche Füße: Alle **4 Zehen ZEIGEN NACH VORN**. Die Vögel hocken nur nachts auf Sitzstangen.

Der **STACHELSCHWANZSEGLER** verdankt seinen Namen den stacheligen Spitzen, die **6 mm** über seine **SCHWANZFEDERN** hinausragen. Mit ihnen **HÄLT ER DAS GLEICHGEWICHT**, wenn er sich nachts auf den Klippen festhält.

Der **kleinste Vogel** ist die **Bienenelfe**. Sie ist nur **57 mm** groß, wobei ihr Schwanz die Hälfte ausmacht. Sie wiegt nur **1,6 g** – weniger als ein Flaschenverschluss.

Der **SCHNABEL** des **Schwertschnabelkolibris** ist mit bis zu **11 cm LÄNGER ALS SEIN KÖRPER** (ohne Schwanz).

Der **Weißbürzelsegler** legt **2 EIER** im Abstand von wenigen Wochen. Sobald das erste geschlüpft ist, bebrütet er das zweite.

Der **Riesenkolibri** ist der **GRÖSSTE KOLIBRI**. Er ist **23 cm** groß und wiegt bis zu **24 g**. Das ist fast doppelt so viel, wie der zweitgrößte wiegt.

Das **Herz** eines **Kolibris SCHLÄGT** fast **1200-mal PRO MINUTE**, wenn er **SCHWEBT**.

Die **Bienenelfe** legt die **KLEINSTEN EIER**. Mit einem Durchmesser von weniger als **1 cm** sind sie etwas **GRÖSSER ALS EINE ERBSE**.

Der **RUBINKEHLKOLIBRI** ist der **KLEINSTE ZUGVOGEL**. Mit einem Gewicht von nur **3 g** fliegt er **3000 km** im Jahr.

Coole
EISVÖGEL

Eisvögel und ihre Verwandten, zu denen Nashornvögel, Racken, Wiedehopfe und Bienenfresser gehören, sind Vögel mit großen Köpfen und Schnäbeln sowie leuchtend bunten Federn. Sie fressen zwar nicht alle dasselbe, aber alle tragen ihre Beute zu einem Sitzplatz, wo sie sie vor dem Fressen betäuben oder töten.

Der **GRÖSSTE EISVOGEL** ist der australische **JÄGERLIESTE**. Er kann bis zu **450 g** wiegen und ist für seinen lachenden Ruf bekannt.

Der **KLEINSTE EISVOGEL** ist der afrikanische **ZWERGKÖNIGSFISCHER**. Er ist nur **12 cm** lang und wiegt etwa **14 g**.

Der **SCHILDSCHNABEL** hat eine feste, hornähnliche Kappe auf seinem Schnabel. **KAPPE UND SCHNABEL** können bis zu **3 kg** wiegen.

SIBIRISCHE EISVÖGEL ZIEHEN im Winter bis zu **3000 km** nach Südosten.

Die **Gabelracke** hat insgesamt **8 FARBEN**: lila, grün, weiß, schwarz, gelb, türkis, dunkelblau und rotbraun.

Es gibt **3 ARTEN WIEDEHOPFE**: afrikanische, eurasische und madagassische. **DER EURASISCHE** zieht im Winter in wärmere Regionen.

EISVÖGEL brüten bis zu **3-mal IM JAHR**. Von den je **6–7 Küken** überlebt nur die Hälfte.

NASHORNVÖGEL NISTEN IN BAUMLÖCHERN oder Felsspalten. Das Weibchen hütet bis zu **96 TAGE** das Nest.

Junge **Eisvögel** werden nach dem Schlüpfen nur etwa **4 TAGE VON IHREN ELTERN BETREUT**.

Der **SÜDLICHE HORNRABE** kann in Gefangenschaft **70 JAHRE** alt werden.

WEISS-STIRNSPINTE nisten in Tunneln, die sie in Klippen oder Riffe graben. Bis zu **100 VÖGEL LEBEN ZUSAMMEN.**

Eisvögel haben etwa **3,5 km** lange Reviere am Flussufer, die sie **VERTEIDIGEN.**

NASHORN-VÖGEL LIEBEN FEIGEN. Bis zu **200** Vögel fressen gleichzeitig von einem **BAUM.**

JÄGERLIESTE greifen **1m** lange Schlangen an und fressen sie.

Der **Riesen-fischer** aus Afrika kann einen **8,5m** langen **TUNNEL** für sein Nest graben.

Sportliche

SPECHTE

Spechte und Wendehälse sind Waldvögel, die in Baumlöchern leben. Spechte sind hervorragende Baumkletterer und hacken mit ihren Schnäbeln gegen die Baumrinde, um an Nahrung zu kommen und ihr Revier zu markieren.

Ein **SPECHTPAAR** braucht **1 Monat**, um für ein Nest ein **LOCH IN EINEN BAUM** zu hacken.

SPECHTE FLIEGEN, indem sie **3-mal** mit den Flügeln schlagen und sie dann zum Gleiten einklappen.

Der **KAISERSPECHT** ist der **GRÖSSTE** Specht. Er kann bis zu **60 cm** groß werden.

Der **WENDEHALS** ist ein kleiner **SPECHT MIT LANGEM HALS**. Dieser Vogel kann seinen Kopf um **180°** drehen.

Der **EICHELSPECHT** hackt Löcher in alte Bäume, um **EICHELN ZU LAGERN**. Manche haben bis zu **50 000 LÖCHER**.

Der Vogel mit der **LÄNGSTEN ZUNGE** im Vergleich zu seiner Körpergröße ist der **WENDEHALS**. Seine Zunge kann **2/3 SEINER KÖRPERLÄNGE** betragen. Das ist so, als reiche deine **ZUNGE BIS ZU DEN KNIEN**!

Der **KLEINSTE SPECHT** ist der **Goldstirn-Zwergspecht**. Er ist nur **7,5 cm** groß und wiegt **8 g**.

SPECHTE können senkrecht Bäume emporklettern, weil sie **zygodaktyle Füße** haben: **2 ZEHEN ZEIGEN NACH VORN, 2 NACH HINTEN**.

SPECHTE und **WENDEHÄLSE** gehören zu einer **FAMILIE** und es gibt etwa **240 Arten**.

SPECHTE können **22-mal pro Sekunde** gegen einen Baum **TROMMELN.**

JUNGE EICHELSPECHTE werden von ihren **ELTERN UND** bis zu **10 älteren Jungvögeln** aufgezogen.

Der **SCHWARZSPECHT PICKT** etwa **12000-mal AM TAG** gegen einen Baum.

Der Specht, der am **LÄNGSTEN LEBT**, ist der nordamerikanische **CAROLINASPECHT.** In freier Wildbahn kann er fast **21 Jahre** alt werden.

SPECHTKÜKEN sind in den ersten **20–30 Tagen** ihres Lebens **VOLLSTÄNDIG** von ihren Eltern **ABHÄNGIG.**

Wenn ein **SPECHT** gegen einen Baum hämmert, muss sein Kopf eine **G-KRAFT** von bis zu **1500g** aushalten. Wenn du in einer Achterbahn fährst, wirkt auf dich eine **G-KRAFT VON 5g.**

Der **ANDENKONDOR** ist der **GRÖSSTE RAUBVOGEL**. Er kann

15 kg

wiegen und eine **FLÜGELSPANNWEITE** von

3,2 m

erreichen.

Die **JÜNGSTE ENTDECKTE** Raubvogelart ist der **SOCOTRA-BUSSARD**, der

2010

im Jemen entdeckt wurde.

Weißkopfseeadler können **10-MAL** stärker greifen als wir.

Ein **Wanderfalke** kann seine **BEUTE** aus mehr als

8 km Entfernung

erkennen. Er **SIEHT 3-MAL BESSER ALS EIN MENSCH**.

Der **STURZFLUG EINES WANDERFALKEN** kann bis zu

320 km/h

SCHNELL sein.

Ein **ROTSCHWANZBUSSARD** erkennt ein **NAGETIER AM BODEN** aus einer Entfernung von

30 m.

Im Flug **SCHLÄGT DAS HERZ EINES Wanderfalken**

350-

MAL PRO MINUTE.

ADLER können **BEUTE** bis zum

4-Fachen

IHRES EIGENEN GEWICHTS tragen.

Brillante
RAUBVÖGEL

Raubvögel oder Greifvögel jagen und ernähren sich von anderen Tieren. Adler, Fischadler, Falken und Geier gehören dazu. Ihre Nahrung besteht aus Fischen, Nagetieren, Eidechsen und Aas. Ein Raubvogel hat ein ausgezeichnetes Sehvermögen, einen hakenförmigen Schnabel und scharfe, starke Krallen.

Ein **FISCHADLER ERNÄHRT SICH** zu **99%** von **FISCH**.

Madagaskarseeadler sind die **SELTENSTEN** Adler. Es gibt weniger als **240** von ihnen **IN FREIHEIT**.

Der **SCHWERSTE** flugfähige Vogel war der ausgestorbene ***ARGENTAVIS MAGINICANS***. Der Geier mit einem Gewicht von **72 kg** lebte vor **5–8 Mio. JAHREN**.

Die **weibliche Harpyie STÜRZT SICH** mit **32 km/h** auf ihre Beute. Sie greift Faultiere und Brüllaffen an.

Die **MAGENSÄURE VON GEIERN** hat einen **PH-WERT** von **1**, um alle Bakterien verdauen zu können. Das ist **DIE SAUERSTE MAGENSÄURE ALLER TIERE**.

Im **2. WELTKRIEG** wurden **Falken TRAINIERT**, um die **16 500 BRIEFTAUBEN**, die von England ans Festland geschickt wurden, anzugreifen.

Es gibt mehr als **560 Arten VON RAUBVÖGELN**.

Heulende

EULEN

Es gibt mehr als 200 Eulenarten. Die meisten jagen nachts und nutzen dabei ihr ausgezeichnetes Seh- und Hörvermögen sowie ihre scharfen Schnäbel und Krallen. Eulen haben viele Schichten weicher Federn, sodass sie lautlos fliegen können, um ahnungslose Beute anzugreifen.

Die **GRÖSSTE** Eule ist der **UHU** mit einer **FLÜGELSPANNWEITE** von **1,5 m.**

Die **KLEINSTE** Eule ist der **Elfenkauz** aus dem Südwesten der USA und Mexiko. Er wiegt **50 g** und ist **14 cm** groß, also etwa so groß **WIE EINE KONSERVENDOSE.**

Eulen haben ein **SEHR GUTES GEHÖR.** Sie können aus **23 m** Entfernung hören, dass eine **MAUS** auf einen Zweig tritt.

WEIBLICHE EULEN sind meist **25 % GRÖSSER ALS MÄNNCHEN.**

Die **EULENAUGEN** machen bis zu **3 %** des gesamten **KÖRPERGEWICHTS** aus.

Eulenaugen sind **NICHT BEWEGLICH**, also drehen Eulen den Kopf, um sich umzusehen. Manche Eulen können ihren **KOPF UM 270° DREHEN.**

Wie alle Vögel haben **EULEN** **3 AUGENLIDPAARE**: eins zum **BLINZELN**, eins zum **SCHLAFEN** und eins zum **REINIGEN DER AUGÄPFEL**.

EULEN sehen **NACHTS** bis zu **100-MAL BESSER ALS MENSCHEN**.

Schleiereulen fressen etwa **1000 Mäuse pro Jahr** und verschlingen sie ganz.

EULEN legen bis zu **13 EIER** in einer Brut.

Die **SPERBEREULE** hört **BEUTE**, die sich unter einer **30 cm** dicken **SCHNEEDECKE BEWEGT**.

Die **HÄUFIGSTE** Eule ist wohl der **STEINKAUZ**. Schätzungsweise gibt es in **EUROPA, NORDAFRIKA UND ASIEN 5–15 Mio. STEINKÄUZE**.

EULEN haben **2 MÄGEN**, einen Drüsen- und einen Muskelmagen. Dort werden Reste wie Knochen, Fell und Federn zusammengedrückt und als **GEWÖLLE** wieder hochgewürgt.

EULEN haben **14 NACKENWIRBEL**. Die meisten anderen Vögel haben **7**.

Der **Kaninchenkauz** lebt in verlassenen Bauten von Dachsen oder Präriehunden. **80% SEINER NAHRUNG** besteht aus **INSEKTEN**.

Die **Madagaskar-Moorente** ist wahrscheinlich die **SELTENSTE ENTE DER WELT**. Einst galt sie als ausgestorben, **JETZT GIBT ES ETWA**

90 Tiere.

Eine **MOSCHUSENTE** mit Namen **Big Dave** wurde für

1630 €

VERSTEIGERT.

Eine **SCHLAGZEUG SPIELENDE ENTE** namens **Ben Afquack** hat mehr als

101000

FOLLOWER AUF INSTAGRAM.

Die meisten **ENTENKÜKEN** schlüpfen nach

28 Tagen.

Die **MOSCHUSENTE** erst nach

35.

Die **ZWERGENTE**, die **KLEINSTE ART** einer Hausente, **WIEGT WENIGER ALS**

1 kg.

In Gefangenschaft legen **Enten** meist **MEHR EIER ALS HÜHNER**. Sie können auch um

1/3

größer sein.

Die männliche **KAMMENTE** hat eine **BEULE AUF DEM SCHNABEL**, die in der Paarungszeit **3-mal** größer ist.

Einmalige ENTEN

Enten leben meist in Wassernähe. Ihr Gefieder ist wasserdicht. Mit dem Schnabel reiben sie sich mit einem Öl ein, das aus ihrer Bürzeldrüse kommt, und schaffen so eine Schutzbarriere. Enten haben Schwimmhäute an den Füßen, mit denen sie sich im Wasser fortbewegen.

Etwa **13500 MANDARINENTEN ÜBERWINTERN** in **GROSSBRITANNIEN.**

Eine weiße **Pekingente** legte ein **EI** mit einem Gewicht von **227 g**. Das war Rekord. Innendrin wurde **EIN ZWEITES EI** entdeckt.

Entenküken bleiben in der Regel bis zu **60 Tage** bei **IHRER MUTTER**, um zu lernen, wie man schwimmt und Futter findet.

Die **MEISTEN ENTEN LEBEN 5–10 Jahre**, aber **EINE** wurde **29 Jahre** alt.

ENTEN leben auf allen **KONTINENTEN AUSSER 1**: **der Antarktis**.

Die meisten Erpel **MAUSERN SICH. SIE WERFEN** ihre Federn **2-mal IM JAHR** ab.

WENN SICH EINE ENTE MAUSERT, dauert es etwa **30 Tage**, bis ihr neue Federn wachsen und sie wieder **FLIEGEN** kann.

FORM UND POSITION ihrer Augen ermöglichen **STOCKENTEN** einen **360°-Blick**.

Mit einer Höchstgeschwindigkeit von **142 km/h** ist die **SPORN-GANS** der am **SCHNELLSTEN FLIEGENDE** Wasservogel.

Es wurden **FOSSILIEN VON GÄNSEN** entdeckt, die mehr als **10 Mio. Jahre** alt sind.

Eine **GROSSE GANS** kann mehr als **1 kg GRAS PRO TAG** fressen.

ZIEHENDE KANADAGÄNSE können bei günstigen Windverhältnissen in **24 STUNDEN 2400 km** zurücklegen.

1932 gab es in den USA nur noch **77 Trompeter-schwäne**. Dank der Bemühungen im **ARTENSCHUTZ** sind es heute **MEHR ALS 63000**.

Mit einer Länge von **102–124 cm** ist der **Schwarzhals-schwan** der **KLEINSTE SCHWAN**, aber der **GRÖSSTE WASSERVOGEL** in **SÜDAMERIKA**.

Der **HÖCKER-SCHWAN WIEGT** etwa **15 kg**.

Der **Pfeifschwan** legt **2-MAL** im Jahr eine Strecke von **6000 km** zwischen der **ARKTIS** und **NORDAMERIKA** zurück.

GÄNSE UND SCHWÄNE

Gänse und Schwäne sind eng mit den Enten verwandt, alle drei werden als Wasservögel bezeichnet. Diese Vögel haben meist einen Partner fürs Leben, aber wenn einer von beiden stirbt, sucht sich der andere einen neuen. Ein Paar kann sich auch trennen, wenn es keinen Nachwuchs bekommt.

Speckle, eine Gans aus Ohio (USA), legte **1977** das **SCHWERSTE GÄNSEEI** aller Zeiten. Es wog **680 g**.

Höckerschwanküken schlüpfen nach **35–41 Tagen**.

Wie viele andere Vögel kann auch ein **SCHWAN** auf **1 BEIN** stehen. So halten sie das andere Bein **WARM**.

Gänseküken können bereits nach 10 Wochen fliegen, aber sie **BLEIBEN BEI IHREN ELTERN**, bis sie **1 Jahr alt** sind.

George, eine **Gans** aus Thornton (England), wurde **REKORDVERDÄCHTIGE 49 Jahre UND 8 Monate** alt.

HÖCKERSCHWÄNE legen bis zu **7 Eier im Jahr**.

STÖRCHE, IBISSE, REIHER

Reiher leben auf allen Kontinenten außer der Antarktis und auch Störche und Ibisse sind fast überall zu finden. Sie alle haben lange Hälse und Beine und ernähren sich von Fischen und Insekten. Ein Reiher hat einen s-förmigen Hals. Störche können nicht singen oder pfeifen, sie zischen und klappern mit dem Schnabel.

Der **MARABU** ist der **GRÖSSTE STORCH**. Er ist **1,50 m** groß und wiegt bis zu **9 kg**.

Ein **Waldstorch JAGT MIT OFFENEM SCHNABEL** im Wasser. Er kann ihn **IN 25 Millisekunden** schließen und der Fisch ist gefangen.

Ein **WEISSSTORCH** hat **1 Partner** fürs **LEBEN**.

Der **Marabu** hat die **LÄNGSTE FLÜGELSPANNWEITE** aller Störche. Sie beträgt

3,2 m.

Weibliche **STÖRCHE** legen bis zu

7 Eier

auf einmal, aber nicht alle Küken überleben.

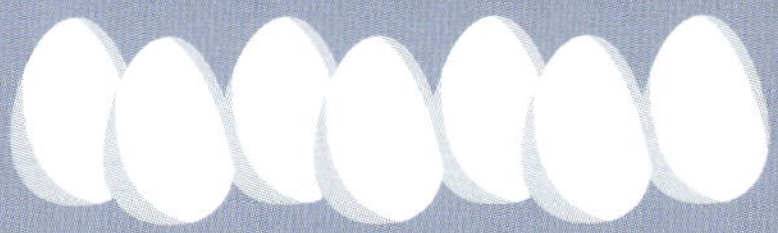

Mit **47 cm** ist der **Fleckenibis** der **KLEINSTE** Ibis. Er ist **HALB SO GROSS** wie der **GRÖSSTE**, der **Riesenibis**.

STORCHENNESTER können **1,8 m BREIT** und **2,7 m TIEF** sein und werden oft **VON KLEINEREN VÖGELN** mitgenutzt.

Der **WALDRAPP** ist die **EINZIGE IBISART** mit **null Federn** im Gesicht und am Kopf.

In freier Wildbahn leben nur etwa **200–250 WALDRAPPE**.

Der **SCHARLACHSICHLER** lebt während der Paarungszeit in **KOLONIEN** mit bis zu **2000 NESTERN**.

SCHARLACHSICHLER haben bei der Geburt **SCHWARZE FEDERN**. Weil sie Schalentiere fressen, **FÄRBT** sich das Gefieder innerhalb von **2 Jahren ROT**.

Der **KAISERREIHER** ist der **SELTENSTE REIHER**. Es leben weniger als **250** Tiere in freier Wildbahn.

REIHER kauen nicht. Sie verschlingen einen **GANZEN FISCH** mit **1 Schluck**.

KANADAREIHER fressen bis zu **900 g FISCH PRO TAG**.

Der **KANADAREIHER SIEHT 3-mal** besser als der **MENSCH**.

GRAUREIHERKÜKEN bleiben etwa **50 Tage** im **NEST** und dann noch **11 Wochen IN DER NÄHE IHRER ELTERN**.

Fantastische

FLAMINGOS

Langbeinige Flamingos sind Stelzvögel, die sich an Seeufern und Lagunen aufhalten. Sie sind berühmt für ihr leuchtend rosa Gefieder, werden aber grau oder weiß geboren. Sie ernähren sich von kleinen Lebewesen wie Algen und Krabben sowie von Pflanzen, sogenanntem Plankton. Pigmente im Plankton färben das Gefieder der Vögel rosa.

Die vorderen **3 Zehen** eines **FLAMINGOFUSSES SIND MIT SCHWIMMHÄUTEN VERSEHEN**, damit er nicht im Boden **EINSINKT**.

Die **KNÖCHEL** der **Flamingos** befinden sich auf **1/2 BEINHÖHE**.

Während der Brutsaison sieht man mehr als **1 Mio. ZWERG-FLAMINGOS** auf großen **AFRIKA-NISCHEN SEEN**.

Flamingos legen in der Regel **1 Ei**. **BEIDE ELTERN KÜMMERN SICH UM DAS KÜKEN** und füttern es mit einer Flüssigkeit aus ihrem Verdauungssystem.

Ein **ROSA FLAMINGO NAMENS GREATER** wurde im Zoo von **ADELAIDE (AUSTRALIEN) 83 Jahre alt**.

Es gibt **6 ARTEN** von **Flamingos**.

Ein **FLAMINGO** kann dank einer speziellen **SCHICHT IN MUND UND RACHEN** bis zu **60 °C** heißes Wasser trinken.

Die **FLÜGELSPANNWEITE** eines Flamingos kann bis zu

1,8 m

betragen.

FLAMINGOS TANZEN, um einen Partner zu beeindrucken. Sie kennen mindestens

136

verschiedene **TANZBEWEGUNGEN**.

Flamingos SCHLAFEN stehend auf **1 Bein**.

Flamingos fliegen oft **IM DUNKELN** und können in einer Nacht mehr als

560 km ZURÜCKLEGEN.

Die meisten **Flamingos TRINKEN 18 L WASSER AM TAG**.

FLAMINGOS FÄRBEN SICH nach etwa **2 Jahren rosa**.

Flamingos leben in **GRUPPEN** von **2 Vögeln** bis zu **Zehntausenden**.

1 Art von Flamingos hat **GELBE BEINE**: der **Andenflamingo**.

Ein **FLAMINGO FRISST** mit dem **KOPF NACH UNTEN**. Sein **HALS** besteht aus

19 Knochen

und ist daher sehr beweglich.

Sensationelle

SEEVÖGEL

Seevögel haben sich an das Leben im oder in der Nähe von Salzwasser angepasst. Sie leben oft länger als andere Vögel. Möwen, Alken und Tölpel sind nur einige der gefiederten Freunde, die man an Meeren und Ozeanen findet. Besonders lustig sind die Tölpel, weil sie so unbeholfen aussehen, wenn sie an Land laufen!

Der **Riesenalk** war der **GRÖSSTE UNTER DEN ALKEN**. Er war **85 cm** groß, wurde aber **GEJAGT, BIS ER AUSGESTORBEN** war.

Die **TROTTEL-LUMME** kann in Freiheit **38 Jahre** alt werden.

Der **Marmelalk** **NISTET HÖHER ALS JEDER ANDERE VOGEL**: **45 m** über dem Boden.

Die **DICKSCHNABEL-LUMME** kann tiefer **TAUCHEN** als jeder andere fliegende Vogel und erreicht **210 m** unter dem Meeresspiegel.

Wenig überraschend ist die **Zwergmöwe** die kleinste **MÖWE DER WELT**. Sie hat eine **FLÜGELSPANNWEITE** von nur **60 cm**.

BASSTÖLPEL haben ein sehr gutes **SEHVERMÖGEN** und können Fischerboote aus einer Entfernung von **11 km** sehen.

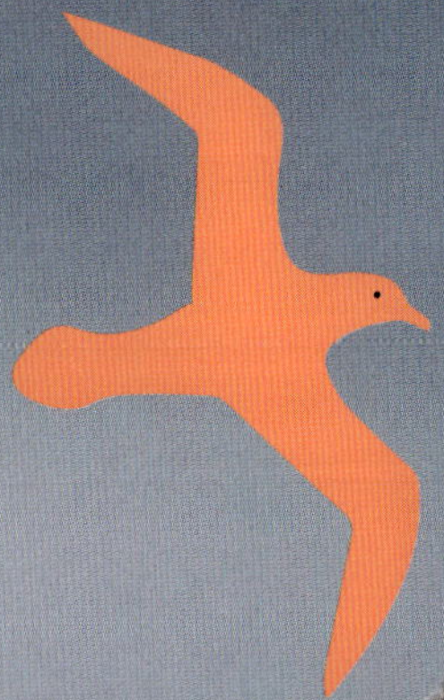

Die **GRÖSSTE MÖWE** ist die **MANTELMÖWE**. Sie hat eine **FLÜGELSPANNWEITE** von **1,6 m**.

PAPAGEIENTAUCHER schlagen bis zu **400-MAL** pro Minute mit den Flügeln.

Basstölpel STÜRZEN sich mit **96 km/h** ins Wasser.

BLAUFUSSTÖLPEL legen 2–3 Eier auf einmal. Oft überlebt nur das Küken, das zuerst schlüpft.

Eine **KOLONIE** von **TÖLPELN** kann **200 VÖGEL** umfassen.

Das Küken eines **Blaufußtölpels** wird mit weißen **FÜSSEN** geboren. Nach **6 Monaten WERDEN SIE BLAU**.

Eine **MÖWE** hat an jedem Unterschenkel **1 KLEINE KRALLE**, mit der sie sich an Felsvorsprüngen festhalten kann.

RAUBMÖWEN gibt es an den **KÜSTEN 7 ALLER KONTINENTE**.

Es gibt fast **60 Arten** von **MÖWEN**.

ROTFUSSTÖLPEL FLIEGEN auf der **SUCHE NACH NAHRUNG** bis zu **150 km**.

Anmutige

ALBATROSSE

Die prächtigen Seevögel sind berühmt dafür, durch die Luft zu gleiten. Sie können stundenlang in der Luft bleiben, ohne mit ihren sehr langen, schmalen Flügeln zu schlagen. Normalerweise kommen sie nur zum Brüten an Land. In der Luft sind sie sehr elegant, aber bei der Landung purzeln sie oft vornüber!

Der **Wanderalbatros** ist der **GRÖSSTE SEEVOGEL** der Welt. Seine **FLÜGELSPANNWEITE** kann bis zu **3,6 m** erreichen.

WANDERALBATROS-KÜKEN bleiben **10 Monate** im **NEST**. **DAS IST LÄNGER** als bei jedem anderen Vogel.

Der **Wanderalbatros** **ZIEHT** alle **2 Jahre** **1 Küken** auf.

Der **SCHWARZFUSSALBATROS** nimmt **GERÜCHE** aus etwa **30 km** Entfernung wahr. Das ist unter Vögeln Rekord.

Sobald er das **NEST VERLASSEN** hat, verbringt ein junger **ALBATROS 5–10 Jahre AUF SEE.**

Ein weiblicher **Laysanalbatros** namens **WISDOM** ist der **ÄLTESTE BEKANNTE** Wildvogel. **2021** wurde er auf **70 Jahre** geschätzt.

Der **Wanderalbatros** **FLIEGT** etwa **120 000 km** **IM JAHR**.

Ein **ALBATROS** hat **1 Partner**, mit dem er ein Leben lang zusammenbleibt.

Es gibt
22 Arten
von **ALBATROSSEN**.

Der **BALZTANZ** eines **LAYSANALBATROS** besteht aus
24 Schritten.
Solange er diesen Tanz nicht beherrscht, wird er keine Partnerin finden.

ALBATROSSE TAUCHEN nur bis zu **1m** unter die Wasseroberfläche.

Graukopf-albatrosse
FLIEGEN SCHNELLER, ALS GEPARDEN LAUFEN KÖNNEN. Sie erreichen durchschnittlich
127 km/h.

Der **AMSTERDAM-ALBATROS** ist **AKUT VOM AUSSTERBEN** bedroht. Es leben nur noch etwa **170 Vögel** auf einer Insel im Indischen Ozean.

Ein **ALBATROS** hat
2 Röhren
an den Seiten seines Schnabels, durch die er das **SALZ AUS DEM MEERWASSER** wieder abgeben kann.

Ein **ALBATROS** flog in
46 Tagen
einmal um die Welt.

Auf der hawaiianischen Insel Oahu sind
31%
der **LAYSANALBATROS-PAARE BEIDE WEIBLICH.**

TOP 10 DER LÄNGSTEN VOGELZÜGE

1 **KÜSTENSEESCHWALBE** • *Sterna paradisaea* • Von der Arktis in die Antarktis • **70900 km**

Die Küstenseeschwalbe fliegt nach jeder Brutsaison vom Nord- zum Südpol. Sie kann in einem 30-jährigen Leben mehr als 2,4 Mio. km fliegen.

2 **DUNKELSTURMTAUCHER** • *Ardenna grisea* • **64000 km** • Von Neuseeland in die Antarktis oder von Süd- nach Nordamerika oder Afrika

Der Sturmtaucher brütet in Neuseeland und auf den Falklandinseln, bevor er im Winter meist allein nach Norden fliegt.

3 **KURZSCHWANZ-STURMTAUCHER** • *Puffinus tenuirostris* • **43000 km** • Von Australien nach Russland oder in die USA

Der Seevogel verbringt den Sommer an den Küsten Australiens und Tasmaniens und fliegt im Winter nach Nordrussland.

4 **PFUHLSCHNEPFE** • *Limosa lapponica* • **29000 km** • Von Skandinavien und Alaska nach Afrika oder Australasien

Diese Schnepfe unternimmt während ihrer jährlichen Wanderung den längsten Nonstop-Flug – bis zu 11680 km ohne Zwischenstopp zum Fressen.

4 **GRAUBRUSTSTRANDLÄUFER** • *Calidris melanotos* • **29000 km** • Von Sibirien und Kanada nach Ozeanien oder Südamerika

Der Watvogel verbringt den Sommer in Nordrussland, Alaska und Nordkanada und zieht dann nach Ozeanien oder Südamerika.

4 **STEINSCHMÄTZER** • *Oenanthe oenanthe* • **29000 km** • Von Asien, Europa, Grönland und Alaska nach Afrika

Der Steinschmätzer verlässt sein Brutgebiet und riskiert einen langen Flug über Wüsten, um südlich der Sahara zu überwintern.

7 **NONNENSTEINSCHMÄTZER** • *Oenanthe pleschanka* • **18000 km** • Von Europa und China nach Indien oder Afrika

Dieser Singvogel zieht ungewöhnlicherweise von Osten nach Westen und verbringt den Winter in Indien oder Afrika.

8 **KNUTT** • *Calidris canutus* • **14000 km** • Von der Arktis nach Südamerika

Der Knutt brütet an den Küsten rund um die Arktis und macht sich dann auf den Rückweg zur Südspitze Südamerikas.

9 **ADELIEPINGUIN** • *Pygoscelis adeliae* • **13000 km** • In der Antarktis

Dieser Pinguin folgt der Eisbildung, wenn das Meer zufriert, um immer in Wassernähe zu sein.

10 **RAUCHSCHWALBE** • *Hirundo rustica* • **11660 km** • Von Europa nach Südafrika

Nach der Brutsaison machen sich die Schwalben auf eine sechswöchige Reise von Europa nach Südafrika, um dort zu überwintern.

SPERLINGSVÖGEL

Vielleicht kennst du das Wort nicht, aber viele Vögel, die zu dieser Ordnung gehören, wirst du kennen. Krähen, Lerchen, Spatzen und andere Singvögel sind Sperlingsvögel. Sie krallen sich mit den Zehen an einer Sitzstange fest und haben sicheren Halt, sogar im Schlaf!

Der **HÄUFIGSTE WILDVOGEL** ist der **BLUTSCHNABELWEBER**. Es gibt mehr als **1,5 MILLIARDEN** erwachsene Vögel.

Zwischen **1975** und **1978** **LEBTEN drei Haussperlinge** in der Zeche Frickley (England) **640 m UNTER DER ERDE.**

Die **ROTSPOTTDROSSEL** ist der einzige Singvogel, der **4 TÖNE GLEICHZEITIG** erzeugen kann.

Es gibt rund **6000 ARTEN** von **SINGVÖGELN.**

Etwa **60 %** **ALLER VÖGEL** sind **SPERLINGSVÖGEL.**

Die **Gouldamadine** schlüpft nackt. Ihr unglaublich **BUNTES GEFIEDER BEKOMMT** sie erst in einem Alter von **12 Tagen.**

Das **LIED DES SCHWARZKEHLCHENS** klingt, als würden **2 STEINE ZUSAMMENGESCHLAGEN.**

Die meisten **Phoebetyrannen** haben **1 Partner** fürs Leben, aber **EINIGE MÄNNCHEN HABEN 2** und fliegen zwischen **2 Nestern** hin und her, um die Küken zu versorgen.

Tyrannen bilden die **GRÖSSTE VOGELFAMILIE.** Es gibt mehr als **400 ARTEN.**

Es gibt etwa **90 Arten** von **Lerchen.** Sie leben überall auf der Welt.

Das **ORANGENBÄCKCHEN** baut **2 NESTER**. Das falsche liegt auf dem echten, um Fressfeinde zu täuschen.

KRÄHEN können mehr als **100 WORTE** und bis zu **50 GANZE SÄTZE NACHAHMEN.**

Das **ÄLTESTE BEKANNTE Rotkehlchen** wurde **19 Jahre alt.**

Die meisten **SPERLINGSVÖGEL** werden **12,5–20 cm** groß, aber der **BREITSCHWANZ-PARADIESHOPF** aus der Familie der **PARADIESVÖGEL** ist **1,1 m** groß.

Manche **SINGVÖGEL** singen im **DUETT**. Das **WEIBCHEN BRAUCHT** nur **0,135 SEKUNDEN**, um dem Männchen **ZU ANTWORTEN.**

Sperlingsvögel haben **4 Zehen**, **3 zeigen NACH VORN** und **1 NACH HINTEN.**

Der **SCHWANZ** eines **Sperlingsvogels** besteht meist aus **12 Federn.**

SÄUGETIERE

Bemerkenswerte

BEUTELTIERE

Es gibt mehr als 250 Beuteltierarten. Es sind Säugetiere, die unentwickelte Junge zur Welt bringen. Die Jungen bleiben an den Brustwarzen ihrer Mutter und ernähren sich von ihrer Milch, wobei die meisten im Beutel aufgezogen werden.

Den **REKORD** für das **SCHNELLSTE BEUTELTIER** hält ein weibliches **Graues Riesenkänguru**. Es erreichte eine Geschwindigkeit von **64 km/h**.

Das **ROTE RIESENKÄNGURU** ist das **GRÖSSTE BEUTELTIER**. Es kann **7,6 m** weit springen.

DER KOALA LIEBT NICKERCHEN. Nachts frisst er etwa **4 STUNDEN** lang **BLÄTTER**, dann **SCHLÄFT** er gut **18 Stunden**.

Wombats leben unter der Erde. **IHRE HÖHLEN** können **200 m** lange **TUNNEL** haben.

Das **KLEINSTE** Beuteltier ist das **PILBARA-NINGAUI**. Es hat eine Körperlänge von **5 cm** und wiegt etwa **9,4 g**.

Die **STREIFENGESICHT-SCHMALFUSS-BEUTELMAUS** hat die **KÜRZESTE TRAGEZEIT** von allen Säugetieren. Die Jungen werden nach **11 TAGEN GEBOREN**.

Das kleinste **BEUTELTIER-JUNGTIER** ist das des australischen **HONIGBEUTLERS**. Es wiegt nur **0,005 g – SO VIEL WIE EIN REISKORN**.

Der **Große Gleithörnchenbeutler** hat **GROSSE HAUTLAPPEN** zwischen Vorder- und Hinterbeinen. **ER KANN ZWISCHEN BÄUMEN** bis zu **115 m** weit **GLEITEN**.

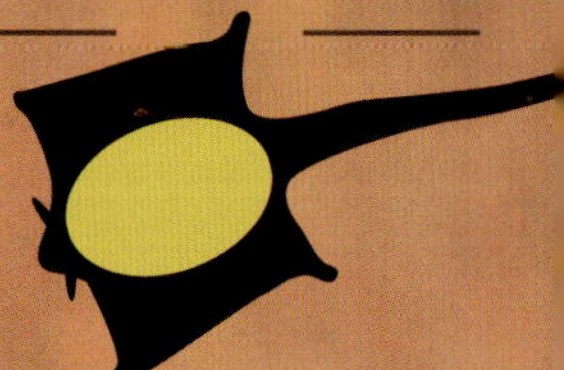

Das **NUMBAT** frisst fast nur **TERMITEN**, die es mit seiner **KLEBRIGEN ZUNGE** aufschlürft. Mit **52 Zähnen** hat es mehr Zähne als jedes andere Beuteltier.

Versuche nicht, mit einem Känguru zu boxen. Das **ROTE RIESENKÄNGURU** hat eine **Schlagkraft von 344 kg**.

Ein neugeborenes **ROTES RIESENKÄNGURUBABY** ist **90000-MAL LEICHTER** als ein **ERWACHSENES** Tier.

Das **GRÖSSTE FLEISCHFRESSENDE** Beuteltier ist der **TASMANISCHE TEUFEL**. Er hat einen **KRÄFTIGEN BISS** und kann die Kiefer **80°** weit **ÖFFNEN**.

Der **HÖRNCHENBEUTLER** galt als **AUSGESTORBEN**. Er wurde **1961** zuletzt gesehen, **TAUCHTE ABER 52 JAHRE SPÄTER** wieder auf.

Der **Bergbilchbeutler** wurde **1966 ENTDECKT**. Die Wissenschaft kannte ihn zuvor nur als **10000 Jahre altes Fossil**.

Gürteltiere, Ameisenbären und

FAULTIERE

Gürteltiere, Ameisenbären und Faultiere sehen sich vielleicht nicht ähnlich, sind aber eng miteinander verwandt. Ihre Wirbelsäule hat zusätzliche Gelenke, die ihre Hüften verstärken. Das macht Ameisenbären und Gürteltiere zu ausgezeichneten Wühlern, wenn sie auf Nahrungssuche sind.

Nur **1 SÄUGETIER HAT EINEN PANZER**: das **Gürteltier**.

Das **RIESENGÜRTELTIER** kann bis zu **1,5 m** groß sein und bis zu **30 kg** wiegen.

2 Arten von Gürteltieren können sich zu einer **KUGEL ROLLEN**. Es sind **KUGELGÜRTELTIERE**.

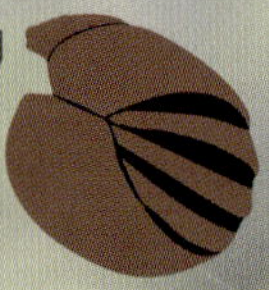

Das **Riesengürteltier** hat bis zu **100 Zähne**. Kein anderes Säugetier hat mehr.

Das **NEUNBINDEN-GÜRTELTIER** bekommt häufig **VIERLINGE**. Die **4 Babys** sind immer **ALLE MÄNNLICH** oder **ALLE WEIBLICH**.

Das **RIESEN-GÜRTELTIER** hat die **GRÖSSTE KLAUE** aller Tiere. Sie kann bis zu **20 cm** lang sein.

Der winzige rosafarbene **GÜRTELMULL** ist **11,5 cm** lang und wiegt **120 g**.

Ein **Faultier** braucht **1 MONAT**, um ein Blatt zu verdauen.

Faultiere sind mit **0,24 km/h** die **LANGSAMSTEN SÄUGETIERE**.

Das **Weißkehlfaultier** kann mit seinen **HAKENFÖRMIGEN KLAUEN** bis zu **18 Stunden** an einem Ast hängen.

FAULTIERE können **IHREN ATEM 40 MINUTEN ANHALTEN**.

Das **SELTENSTE FAULTIER** ist das **Zwergfaultier**. Nur **300** Tiere leben auf einer kleinen Insel in Panama.

Ein **Großer Ameisenbär kann** pro Tag bis zu **30000 AMEISEN UND TERMITEN FRESSEN**.

Ein **Ameisenbär** hat einen **EXZELLENTEN GERUCHSSINN**. Er ist **40-mal STÄRKER ALS DER DES MENSCHEN**.

Der **GROSSE AMEISENBÄR** hat die **LÄNGSTE ZUNGE** aller Landsäugetiere. Sie ist über **1,80 m** lang.

Der **ZWERGAMEISENBÄR** wiegt weniger als **450 g**. Es gibt **MINDESTENS 7 UNTERARTEN** des Zwergameisenbärs.

Igel, Maulwürfe und

TENREKS

Igel und Maulwürfe sind hauptsächlich Insektenfresser – kleine Säugetiere, die Würmer, Schnecken und Larven fressen. Igel und Tenreks sind beide nachtaktive Jäger mit schützenden Stacheln, sie sind aber nur entfernt miteinander verwandt. Tenreks sind sogar näher mit Elefanten verwandt als mit Igeln!

Der **BRAUNBRUSTIGEL** hat etwa **5000 Stacheln**. Sie sind um die **2,5 cm** lang.

Der **STERNMULL** hat eine **SUPEREMPFINDLICHE NASE** mit **25000** winzigen **TASTSENSOREN**.

Der **Große Igeltenrek** ist einer der am **LÄNGSTEN LEBENDEN** Vertreter seiner Art. Ein Exemplar im Zoo in Amsterdam (Niederlande) wurde **16 Jahre** alt.

Der **BRAUNBRUSTIGEL HÄLT** etwa **5 Monate** Winterschlaf. **IM SOMMER** schläft er **18 Stunden** am Tag.

Der **WÜSTEN-GOLDMULL GRÄBT SICH**

50 cm tief **IN DEN SAND EIN**, um sich zu kühlen.

1972 brachte ein **Tenrek** im Wassenaar-Zoo (Niederlande) **31 Junge** zur Welt. Das war der größte Wurf eines Säugetiers.

Ein **STERNMULL** hat auf seiner **NASE** **22 Tentakel**, um seine **BEUTE** zu ertasten.

IGEL wurden schon vor mehr als **2300 Jahren** von den **RÖMERN** für ihr Fleisch und ihre Stacheln gehalten.

Der **GRÖSSTE Tenrek** lebt im Wasser. Die **GROSSE OTTER-SPITZMAUS** aus dem Kongo kann **64 cm** lang werden.

Das am **SCHNELLSTEN FRESSENDE** Säugetier, der **STERNMULL**, kann seine Beute in **120 Millisekunden VERSCHLINGEN**.

Der weibliche **STREIFENTENREK** aus Madagaskar kann schon mit **3–5 Wochen** Mutter werden.

IGEL haben kurze Beine, aber auf der Suche nach Futter können sie in einer **1 NACHT** etwa **3 km** zurücklegen.

Igel sind **oft Einzelgänger**, die **IHRE MUTTER** schon mit **4–7 Wochen** verlassen.

IGEL ROLLEN SICH ZUSAMMEN, wenn sie sich bedroht fühlen. Aber sie können auch mit **9,5 km/h DAVONRENNEN**.

Enorme

ELEFANTEN

Der Elefant ist ein pflanzenfressendes Säugetier mit großen Ohrenklappen, langen Stoßzähnen aus Elfenbein, die er zur Verteidigung nutzt, und einem beweglichen Rüssel. Es gibt drei Arten von Elefanten: den afrikanischen Savannen-, den afrikanischen Wald- und den asiatischen Elefanten. Alle leben in Herden, die von einem Weibchen, der Leitkuh, angeführt werden.

ELEFANTEN SIND GUTE SCHWIMMER und haben schon Entfernungen von **48 km** in **6 Stunden** zurückgelegt.

Elefantenkälber sind von Geburt an **SCHWERGEWICHTE**. Sie wiegen im Durchschnitt **90 kg**.

So viel wiegt **EIN GROSSER ERWACHSENER MENSCH**.

AUF DER SUCHE NACH NAHRUNG wandern Elefanten täglich bis zu **145 km**.

ASIATISCHE ELEFANTEN werden bis zu **86 Jahre** alt.

Der größte **STOSSZAHN** eines **ELEFANTEN** ist **120 Jahre** alt. Er wurde im Kongo gefunden und ist **3,49 m** lang.

Ausgewachsene **AFRIKANISCHE ELEFANTEN FRESSEN** etwa **160 kg** Nahrung pro Tag. Das **ENTSPRICHT 1440 HAMBURGERN**.

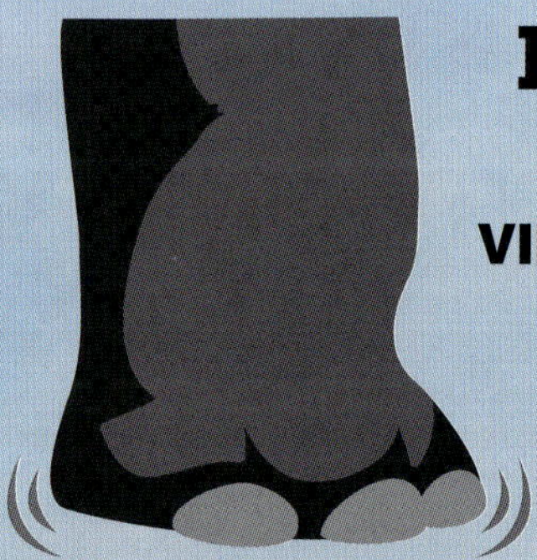

Elefanten können mit **IHREN FÜSSEN VIBRATIONEN** von **32 km** entfernten Herden spüren.

Ein **ELEFANTEN-HERZ** wiegt etwa
21kg.
So viel wiegt **EIN 4-JÄHRIGES KIND**.

Der **ELEFANTENRÜSSEL** ist die Verlängerung der Oberlippe. Er ist etwa
2m
lang und wiegt
150–200kg.

Der **Afrikanische Elefant** hat die **LÄNGSTE TRAGZEIT** aller Säugetiere. Die Mutter **TRÄGT IHR JUNGES 22 Monate AUS**.

ELEFANTEN zermahlen ihre Nahrung mit den **BACKENZÄHNEN**. **EIN EINZIGER ZAHN** kann
5kg
wiegen und ist so groß wie ein Ziegelstein.

Der **Afrikanische Savannenelefant** ist das **GRÖSSTE LANDTIER** und wiegt mehr als **12 Tonnen**.

Der **RÜSSEL EINES ELEFANTEN** wird von
40000
MUSKELN GESTEUERT.

ELEFANTEN-KÄLBER trinken **MUTTERMILCH**, bis sie
4–5 JAHRE
alt sind.

TOP 10
DER SCHWERSTEN SÄUGETIERE

1

BLAUWAL • *Balaenoptera musculus* • Alle Ozeane der Welt • Erwachsenengewicht: **160 Tonnen**

Der Blauwal ist nicht nur das größte Säugetier auf unserem Planeten, sondern auch das größte Tier, das jemals auf der Erde gelebt hat – größer als jeder Dinosaurier.

2 **AFRIKANISCHER SAVANNENELEFANT** • *Loxodonta Africana* • Afrika • Erwachsenengewicht: **6,4 Tonnen**

Der Größte der Elefanten ist auch das größte Säugetier an Land. Entsprechend groß ist sein Appetit: Er frisst mehr als 160kg Pflanzen pro Tag.

3 **SCHWERTWAL** • *Orcinus orca* • Alle Ozeane der Welt • Erwachsenengewicht: **5,4 Tonnen**

Schwertwale, auch Orkas genannt, sind die größte Art der Delfinfamilie. Sie sind der einzige natürliche Feind der Blauwale.

4 **NILPFERD** • *Hippopotamus amphibius* • Afrika • Erwachsenengewicht: **4,2 Tonnen**

Das Nilpferd hält den Rekord als Landtier mit dem größten Maul. Es kann sein Maul fast 180° weit öffnen.

5 **BREITMAULNASHORN** • *Ceratotherium simum* • Zentral- und Südafrika • Erwachsenengewicht: **3,8 Tonnen**

Dieses Nashorn ist etwas größer als das Spitzmaulnashorn und hat statt einer spitzen eine eckige Oberlippe.

6 **SÜDLICHER SEE-ELEFANT** • *Mirounga leonina* • Antarktische und Subantarktische Gewässer • Erwachsenengewicht: **3,6 Tonnen**

See-Elefanten verdanken ihren Namen ihrer rüsselartigen Schnauze. Sie können ihren Atem zwei Stunden lang anhalten.

7 **MASSAIGIRAFFE** • *Giraffa tippelskirchi* • Zentral- und Südafrika • Erwachsenengewicht: **1,6 Tonnen**

Die Giraffe ist das höchste lebende Landtier. Höhen von 5,5m sind keine Seltenheit. Ein Männchen erreichte sogar 5,8m.

8 **GAUR** • *Bos gaurus* • Indien und Asien • Erwachsenengewicht: **1,1 Tonnen**

Der Gaur ist die größte und höchste Art der Wildrinder. Er kann bis zu 2,2m groß werden.

9 **WALROSS** • *Odobenus rosmarus* • Atlantischer und Pazifischer Ozean • Erwachsenengewicht: **1 Tonne**

Es gibt zwei Unterarten des Walrosses: das Pazifische Walross und das etwas kleinere Atlantische Walross.

10 **EISBÄR** • *Ursus maritimus* • Arktis • Erwachsenengewicht: **0,8 Tonnen**

Im Allgemeinen wird der Eisbär als das größte Raubtier an Land angesehen, auch wenn andere Bären ähnlich groß sind.

KANINCHEN, HASEN, PIKAS

Diese Säugetiere gehören alle zu einer Ordnung namens Hasenartige. Kaninchen und Hasen sehen ähnlich aus und können leicht verwechselt werden. Der Hase ist jedoch meist größer. Pikas, auch Pfeifhasen genannt, sind klein und werden oft mit Nagetieren verwechselt.

Es gibt etwa **30 Hasenarten**, **28 KANINCHENARTEN**, und **29 ARTEN VON PIKAS**.

Die **Ohren** eines Hängeohrkaninchens können bis zu **70 cm** lang sein.

Das **AUSGESTORBENE** Kaninchen *Nuralagus rex* war das **GRÖSSTE KANINCHEN** aller Zeiten. Es wog **12 kg**.

Fast die **½** aller **KANINCHENARTEN** ist vom **AUSSTERBEN BEDROHT**.

24 Kaninchen wurden **1859** im Barwon Park (Australien) ausgesetzt. Bis **1951** war ihre **POPULATION** auf **6 MILLIONEN ANGEWACHSEN**.

Das **ZWERGKANINCHEN** ist das **KLEINSTE** seiner Art. Es ist nur **20 cm** groß und wiegt **400 g**.

Pikas leben in Bergregionen und sind im Himalaja auf mehr als **6000 m** **HÖHE** zu finden.

Es gibt weniger als **7000 VULKANKANINCHEN** in freier Natur. Sie alle leben an den Vulkanhängen in der Nähe von Mexiko-Stadt.

Hasen haben sehr kräftige Hinterbeine. Der **Eselhase** kann mehr als **3 m** weit **SPRINGEN**.

HASEN können etwa **80 km/h** schnell **RENNEN**.

SCHNEESCHUHHASEN haben im **SOMMER BRAUNES UND IM WINTER WEISSES FELL**. Der **WECHSEL DAUERT 10 WOCHEN**.

Ein **KANINCHEN** hat **100 Mio. GESCHMACKSZELLEN** in seiner Nase. **MENSCHEN** haben nur bis zu **6 Mio.** Geschmackszellen.

Ein **KANINCHEN KANN** Geräusche aus **3 km** Entfernung **HÖREN UND SEINE OHREN UM 270° DREHEN**.

Die **LÄNGSTE BEKANNTE WANDERUNG EINES HASEN** ist die eines **POLARHASEN** in Kanada. Er lief **388 km** in **49 TAGEN**.

PIKAS haben es **SCHWER, TEMPERATUREN UNTER −5 °C** oder **ÜBER 25 °C** zu überstehen.

Niedliche

NAGETIERE

Nagetiere machen 40 Prozent aller Säugetiere aus. Es gibt 2000 Arten, darunter Mäuse, Ratten, Eichhörnchen, Wüstenrennmäuse und Biber. Nagetiere haben spezielle Schneidezähne, die sich selbst schärfen.

Das **GRÖSSTE NAGETIER DER WELT** ist das **CAPYBARA** aus den Sümpfen Südamerikas. Mit einer Länge von **1,3 m** ist es so groß wie ein Schwein.

Das Nagetier, das am **LÄNGSTEN LEBT**, ist der **NACKTMULL** aus Ostafrika. Er wird bis zu **28 Jahre** alt.

Der **ARKTISCHE ZIESEL** kann im arktischen Winter bis zu **9 Monate WINTERSCHLAF** halten.

Das größte Hörnchen, das **1 m** lange indische **KÖNIGSRIESENHÖRNCHEN** ist **7-mal GRÖSSER ALS DAS KLEINSTE**, das **13,5 cm** große afrikanische **BORNEO-KLEINSTHÖRNCHEN**.

GLEITHÖRNCHEN haben **PELZIGE FLUGHÄUTE** zwischen Armen und Beinen, mit denen sie bis zu **450 m** zwischen Bäumen **GLEITEN** können.

Eine **EINZELNE RATTE** kann in **EINEM JAHR 25000 Kotballen** hinterlassen.

Der **SILBERGRAUE ERDBOHRER** hat neben seinen **4 Schneidezähnen** noch **24 Zähne ZUM MAHLEN, ALSO INSGESAMT 28.**

Das **KLEINSTE NAGETIER** ist die **BELUTSCHISTAN-ZWERGSPRINGMAUS** aus Pakistan. Sie ist nur **3,6 cm** lang, also kürzer als dein Daumen.

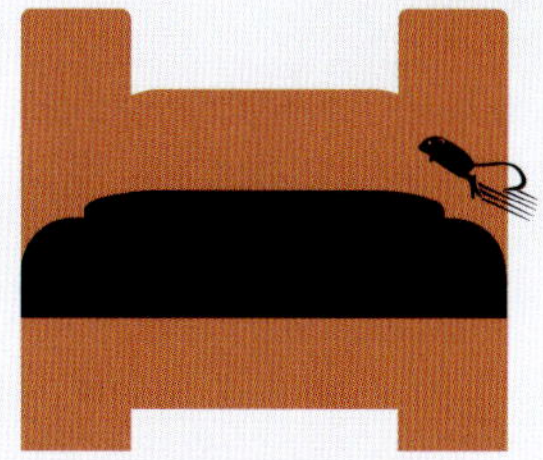

Die **KÄNGURURATTE** kann **2 m** weit springen. **SO BREIT IST EIN DOPPELBETT.**

Der **BERGLEMMING** kann bereits im Alter von **14 Tagen TRÄCHTIG** sein.

STACHELSCHWEINE verteidigen sich gegen Angriffe mit etwa **30000 Stacheln.** Diese können bis zu **35 cm** lang sein.

Ein **EICHHÖRNCHEN RIECHT EINE NUSS** unter einer **30 cm** dicken Schneedecke.

PRÄRIEHUNDE leben in **GROSSEN GRUPPEN.** Mehrere Gruppen bilden **VERBÄNDE,** die sich über **65 HEKTAR** erstrecken können.

Die **HAUSMAUS** kann in **EINEM JAHR 10 Würfe** mit je **6 JUNGEN** produzieren. Das sind **60 Babys** pro Jahr!

KLEINE WÜSTENSPRINGMÄUSE können **10-mal DIE EIGENE HÜFTHÖHE** gerade in die Luft springen.

Galagos, Lemuren und

TARSIER

Galagos, Lemuren und Tarsier sind primitive Primaten. Sie sind mit Affen und Menschenaffen verwandt. Galagos und Tarsier leben in Bäumen, sind nachtaktiv und haben große Augen, die im Dunkeln sehen können. Lemuren leben meist in Gruppen, die von Weibchen geführt werden. Einige leben in Bäumen, andere auf dem Boden.

Das **Fingertier KLOPFT** mit seinem Mittelfinger **8-mal pro Sekunde** auf Holz, um **INSEKTEN** zu finden.

Tarsier können ihren **KOPF** fast **180°** nach **LINKS UND RECHTS DREHEN**.

Tarsier können innerhalb von **24 Stunden** nach der Geburt **AUF BÄUME KLETTERN.**

Die **HAND DES FINGERTIERS** macht **41%** seines **UNTERARMS** aus.

Galagos schaben mit ihren **VORDERZÄHNEN** die Baumrinde ab und **SCHLÜRFEN** den darunterliegenden Harz und Saft bis zu **1000-MAL PRO NACHT.**

Der **kleinste Primat der Welt** ist **MADAME BERTHES MAUSMAKI**. Er wiegt nur **30 g** und ist so leicht wie ein Bleistift.

In **MADAGASKAR** leben **100 Arten** von **Lemuren**.

Lemuren und Tarsier sind die **ÄLTESTEN LEBENDEN PRIMATEN**. Sie tauchten erstmals vor **55 Mio. Jahren** auf.

Tarsier haben sehr lange **FUSSWURZELKNOCHEN.** Hinterbeine und Füße sind **2-mal so lang WIE DER KÖRPER.**

Tarsier kommunizieren mit **QUIETSCH-GERÄUSCHEN**, die mit **70 kHz** so hoch sind, dass Menschen sie nicht hören können.

Der **KATTA** ist sehr **GESELLIG** und lebt in Gruppen mit **25** anderen.

TARSIER haben **IM VERHÄLTNIS ZU IHRER KÖRPERGRÖSSE DIE größten Augen** von allen Säugetieren – **16** mm Durchmesser bei einer Kopfgröße von **16** cm.

FINGERTIERE haben einen **6. Finger** an jeder Hand, der dem Daumen ähnelt.

Ein **WINZIGER TARSIER** kann **40-mal SO WEIT SPRINGEN,** wie er lang ist.

Der **Indri** ist der **GRÖSSTE LEMUR.** Er kann **72 cm** groß werden – so **GROSS WIE EIN 10 MONATE ALTES KIND.**

BERGGORILLAS wiegen

220 kg –

SO VIEL WIE DREI MENSCHEN.

BERGGORILLAJUNGE wiegen bei der Geburt nur

1,8 kg

und **KLAMMERN SICH AN IHRE MUTTER**, bis sie etwa **5 MONATE ALT** sind.

Ein erwachsener **Gorilla** frisst etwa **14 STUNDEN AM TAG** und verschlingt dabei

25 kg

Pflanzen.

SCHIMPANSEN haben

30

VERSCHIEDENE RUFE, um miteinander zu kommunizieren.

Ohne Schutzmaßnahmen werden **Orang-Utans** in den nächsten **10 JAHREN AUSSTERBEN.**

MENSCHENAFFEN

Zu den Menschenaffen gehören Gorillas, Schimpansen, Orang-Utans, Gibbons, Bonobos und Menschen. Sie haben sogar die gleichen Blutgruppen wie wir. Unsere Lebenserwartung ist jedoch fast doppelt so hoch. Die schlauen Säugetiere leben in den Wäldern Afrikas und Südostasiens.

WEISSHANDGIBBONS leben in Familiengruppen von **2 Erwachsenen UND IHREN JUNGEN**. Die Erwachsenen **SINGEN DUETTE**, um ihre Bindung zu stärken.

Bonobos leben in Gruppen von **30–80 Affen**. Tagsüber **JAGEN SIE IN KLEINEREN GRUPPEN** und kommen nachts wieder zusammen.

Gibbons können mit **56 km/h DURCH DIE BÄUME SCHWINGEN**.

Der **Gorilla** hat das größte **TROMMELFELL** von allen Tieren. Es ist **97 mm²** groß.

Männliche **ORANG-UTANS** leben gern allein. Ihre **WARNRUFE** sind fast **2 km** weit zu hören.

GIBBONS KÖNNEN mehr als **15 m** weit springen.

Der **ORANG-UTAN** ist das größte **IN BÄUMEN LEBENDE TIER**. Er verbringt **90 % SEINER AKTIVEN ZEIT** in Bäumen.

SCHIMPANSEN leben in Gruppen von bis zu **120 Affen**.

SCHIMPANSEN und **BONOBOS** sind die **ENGSTEN VERWANDTEN DES MENSCHEN**. Sie haben zu **98,7 % DIESELBE DNA**, die den genetischen Code enthält.

Der **GRÖSSTE GORILLA** ist der **Berggorilla**. Es gibt nur noch **1100** von ihnen **IN FREIER NATUR**.

Brüllaffen sind die am **WENIGSTEN AKTIVEN** Affen und **RUHEN**

80%

DES TAGES.

Der **LAUTE RUF EINES BRÜLLAFFEN** ist über

5km

weit zu hören.

Der **HUSARENAFFE** kann mit

55km/h

über den Boden **RENNEN** und ist der **SCHNELLSTE AFFE DER WELT.**

Ein **PAVIAN** kann bis zu

40 Jahre

alt werden.

Es gibt **5** verschiedene **ARTEN** von **Totenkopfaffen.**

NASENAFFEN planschen gern und **SPRINGEN** manchmal aus einer Höhe von

15m

INS WASSER.

Mit seiner **NASE** lockt der **NASENAFFE** Weibchen an. Sie kann bis zu

17,5cm

lang sein.

Stummelaffen LEBEN IN GRUPPEN von **8–15** Tieren. Sie sind in **mehr als 15 AFRIKANISCHEN LÄNDERN HEIMISCH.**

AFFEN

Es ist leicht, Affen und Menschenaffen zu verwechseln, aber Affen sind in der Regel kleiner als Menschenaffen. Diese haben keine Schwänze, die meisten Affen schon. Affen leben in Mittel- und Südamerika, Afrika und Asien.

Das **ZWERG-SEIDEN-ÄFFCHEN** wiegt nur etwa **120 g** und ist nur **13,5 cm** groß. Es ist der **KLEINSTE AFFE DER WELT**.

Der **Hellköpfige Schwarzlangur** könnte der **SELTENSTE AFFE** der Welt sein. Es leben nur etwa **70** von ihnen in Vietnam.

Eine Gruppe von **36 GRÜNEN MEERKATZEN** lebt in Fort Lauderdale (USA). Es sind Nachfahren von **AFFEN, DIE 1948 AUS EINEM ZOO ENTKAMEN**.

KLAMMER-AFFEN können bis zu **66 cm** groß werden, aber ihr **MASSIGER SCHWANZ** kann **100 cm** Länge erreichen.

Der **MANDRILL** ist der **GRÖSSTE AFFE**. Mandrille wiegen im **DURCHSCHNITT 25 kg**, können aber auch ein Gewicht von **54 kg ERREICHEN.**

Bei Gefahr öffnet ein **MAN-DRILL** sein Maul und zeigt seine furchterregenden **6,5 cm LANGEN ZÄHNE.**

SAKIS können an **EINEM TAG** bis zu **50** verschiedene **OBSTSORTEN FRESSEN.**

Der nachtaktive, fruchtfressende **FLUGHUND** ist mit bis zu **45 cm** die **GRÖSSTE FLEDERMAUS**.

Jeden Abend **FLIEGEN** mehr als **5000 FLEDERMÄUSE AUF DER SUCHE NACH FUTTER** aus der Carlsbad-Höhle (USA).

MEXIKANISCHE BULLDOGG-FLEDERMÄUSE WANDERN bis zu **1600 km VON MEXIKO BIS NACH TEXAS (USA)**.

Die **Gefleckte Fledermaus** hat im Vergleich zu ihrer Größe die **LÄNGSTEN OHREN**: **5 cm** große Ohren, bei **7,7 cm** Körpergröße.

Die **KLEINOHR-DREIZACK-BLATTNASE HÖRT TÖNE** bis zu einer Höhe von **212 kHz**. **MENSCHEN** können **NUR FREQUENZEN BIS 28 kHz** hören.

Der **FLUGHUND** hat von allen Fledermäusen die **GRÖSSTE FLÜGELSPANNWEITE**. Es sind **1,8 m**. **SO GROSS IST EIN ERWACHSENER MENSCH**.

Die **Echoortung** funktioniert bei Fledermäusen **PHÄNOMENAL**. Einige können eine winzige Fliege aus einer **ENTFERNUNG VON 20 m** orten.

1 Fledermaus kann in einer Nacht **mehrere 100 MÜCKEN FRESSEN**.

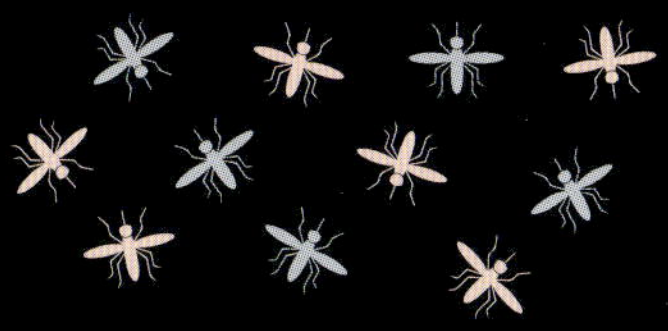

FLEDERMÄUSE

Fledermäuse sind die einzigen Säugetiere, die fliegen können. Ihre Flügel bestehen aus Flughäuten zwischen Fingern und Körper. Viele sind nachtaktiv und nutzen die Echoortung. Sie hören auf das Echo ihrer hohen Quietschlaute, um fliegende Insekten zu orten.

VAMPIRFLEDERMÄUSE TRINKEN bis zu **20 g BLUT** auf **EINMAL**.

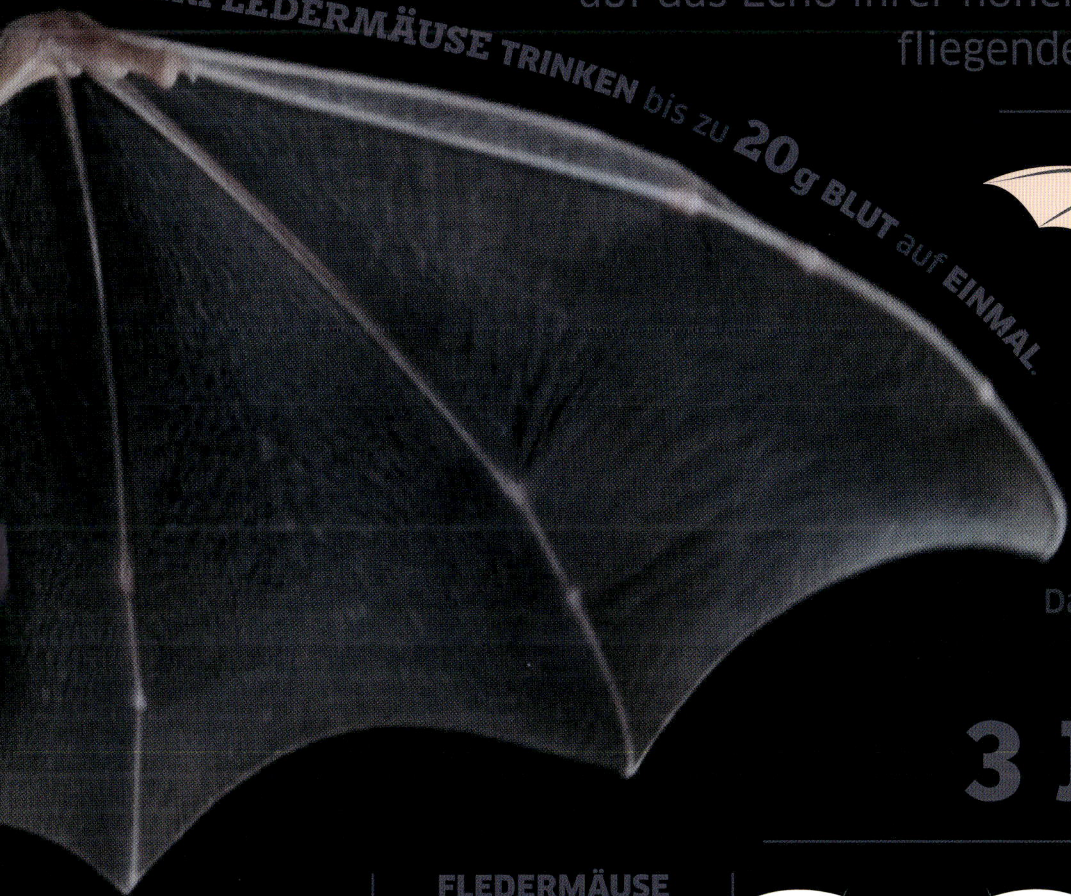

Das Weibchen der **ROTEN FLEDERMAUS** ist eine wahre Gewichtheberin. Sie **FLIEGT MIT BIS ZU**

3 Jungen.

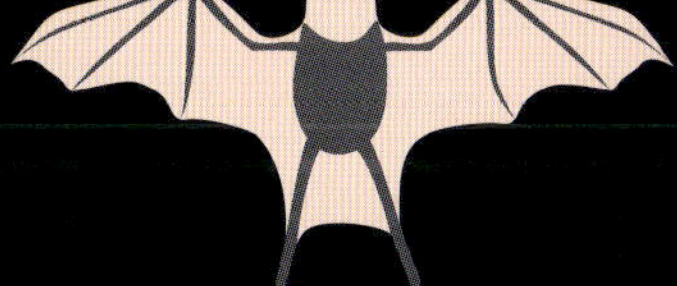

Die **SCHWEINSNASEN-FLEDERMAUS** ist mit nur **4 cm** die kleinste Fledermaus.

FLEDERMÄUSE machen **20% ALLER SÄUGETIERE** aus. Es gibt **1400 ARTEN**.

Die **SELTENSTE FLEDERMAUS** ist die **SEYCHELLEN-SCHIEBESCHWANZ-FLEDERMAUS**. Durch Abholzung gibt es nur noch **50–100** Tiere.

Das **AM SCHNELLSTEN FLIEGENDE SÄUGETIER** ist die **Mexikanische Bulldoggfledermaus**. Sie fliegt mit bis zu **44,5 m/s**.

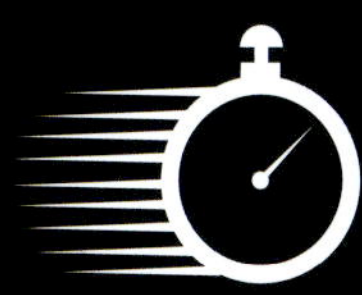

Füchse, Kojoten, Schakale und

WÖLFE

Der **AFRIKANISCHE WILDHUND** kann **WÜRFE** von bis zu **19 Welpen** haben, doch meistens sind es **7–10 JUNGE.**

Wölfe, Füchse, Kojoten und Schakale sind allesamt Wildhunde, die zur gleichen Familie wie der Haushund gehören. Sie haben ein ausgezeichnetes Gehör und einen hervorragenden Geruchssinn. Wölfe und afrikanische Wildhunde leben und jagen in Rudeln.

Ein **HEULENDER WOLF** kann **16 km** weit zu hören sein.

WÖLFE UND HUNDE haben beide **42 Zähne, 10 MEHR ALS DER MENSCH.**

Der **Polarfuchs** lebt in der Nähe des **NORDPOLS**. Die Temperaturen können dort auf **−70 °C** sinken.

Um sich nach einer heißen Verfolgungsjagd in der Wüste **ABZUKÜHLEN**, kann der **FENNEK** bis zu **690-mal PRO MINUTE HECHELN.**

Das **GRÖSSTE** Mitglied der Hundefamilie ist der **GRAU-** oder **TIMBER-WOLF**. Er wird bis zu **1,6 m** groß und kann bis zu **80 kg** wiegen.

Der amerikanische **KOJOTE** kann **65 km/h** schnell **SPRINTEN.**

GRAUWÖLFE leben in großen **RUDELN** von bis zu **36 Tieren.**

Der **GRAUWOLF** lebt in **REVIEREN**, die bis zu **2000 km²** groß sind.

Der **AFRIKANISCHE WILDHUND** ist das einzige Mitglied der Familie mit nur **4 Zehen** an den Vorderfüßen. **ALLE ANDEREN HUNDE HABEN 5**.

Der **ROTHUND** lebt in Süd- und Südostasien. Er kann **2 m** hoch in die Luft **SPRINGEN**.

Der **Fennek** hat von allen Raubtieren die **GRÖSSTEN OHREN** im Vergleich zu seiner Körpergröße. Sie machen mit **15 cm** fast die **HÄLFTE SEINER HÖHE** aus.

Der **FENNEK** ist der **KLEINSTE** aller Wildhunde. Er lebt in der nordafrikanischen Wüste und wird mit **40 cm** so groß wie ein Chihuahua.

Der **GRÖSSTE** Fuchs ist der **ROTFUCHS.** Er lebt in Eurasien, Nordafrika und Nordamerika und wird bis zu **90 cm** groß.

Ein **POLARFUCHS**, der **2009** per Funk **VERFOLGT** wurde, legte **4599 km** durch die Arktis in **163 Tagen** zurück.

Die **MILCH VON EISBÄREN-MÜTTERN** enthält **48,4% FETT**.

Pandas fressen bis zu **16 STUNDEN** am Tag und verputzen dabei etwa **18kg BAMBUS**.

Große Pandas sind bei ihrer **GEBURT WINZIG**. Sie **WIEGEN NUR 85g**, das ist etwa **0,13% DES GEWICHTS IHRER MUTTER**.

Ein **Grizzlybär** läuft bis zu **48km/h** schnell. Er ist **SCHNELLER ALS EIN PFERD**.

Tapfere

BÄREN

Bären sind große, pelzige Säugetiere mit langen Krallen. Viele von ihnen leben allein und decken sich mit Nahrung ein, bevor sie den Winter im Winterschlaf verbringen. Der Eisbär ist ein Fleischfresser, aber die meisten anderen Bären sind Allesfresser und fressen Fleisch, Gemüse und Früchte.

Der **Eisbär** gilt als **GRÖSSTES LANDRAUBTIER**. Ein erwachsenes Männchen wird bis zu **2,6 m** groß und kann **800 kg** wiegen.

Eine bis zu **25 cm LANGE ZUNGE** hat der **MALAIENBÄR**. Mit ihr schlürft er Bienen und Termiten aus Nestern.

Die **LÄNGSTE** aufgezeichnete **SCHWIMMSTRECKE EINES EISBÄREN** betrug **686 km** in etwa **232 Stunden**.

WÄHREND DES WINTERSCHLAFS kann die Körpertemperatur eines Bären um **5 °C NIEDRIGER** sein als die normalen **31–37 °C**.

Der **ÄLTESTE BÄR** war ein **EUROPÄISCHER BRAUNBÄR**. Er wurde **50** Jahre alt und lebte in einem Tierpark in Griechenland.

Die **KRALLEN EINES GRIZZLYBÄREN** können **10 cm** lang sein – länger als ein menschlicher **FINGER**.

Der **KLEINSTE** Bär ist der **Malaienbär** aus Südostasien. Er wird **BIS ZU 1,5 m** groß und **WIEGT 65 kg** – **9-MAL WENIGER** als ein Eisbär.

Vor dem **WINTERSCHLAF** kann ein **BRAUNBÄR** bis zu **40 kg** Nahrung pro Tag **FRESSEN**. Das entspricht **360 HAMBURGERN**.

EISBÄREN haben einen ausgezeichneten Geruchssinn und können eine **ROBBE AUS 9 km ENTFERNUNG ERSCHNÜFFELN**.

EISBÄREN schützt ein dichtes **FELL** und eine isolierende Schicht **BLUBBER** gegen die Kälte. Sie ist **10 cm DICK**.

Bären haben meist kurze Schwänze. Nur der **LIPPENBÄR** hat einen Schwanz, der bis zu **18 cm** lang sein kann.

ROBBEN UND WALROSSE

Robben und Walrosse gehören zusammen mit Seelöwen und Seebären zur Gruppe der Flossenfüßer, denn sie haben flossenartige Gliedmaßen. Sie sind ausgezeichnete Schwimmer, halten sich aber nicht immer im Wasser auf, sondern verbringen auch einige Zeit an Land oder auf dem Eis.

Nördliche See-Elefanten können bis zu **1,5 km** **TIEF TAUCHEN**.

Der **SCHWERSTE FLOSSENFÜSSER** ist der **SÜDLICHE SEE-ELEFANT**. Das Männchen kann bis zu **4000 kg** wiegen.

Wenn er seine **JUNGEN BESCHÜTZT**, kann ein männlicher **Kalifornischer Seelöwe** **27 Tage** **OHNE NAHRUNG AUSKOMMEN**.

Ein **Walross** kann bis zu **6000 MUSCHELN** auf einmal fressen.

WEIBLICHE SEEBÄREN sind **3-mal** **LEICHTER** als die **MÄNNCHEN**.

Die **Mittelmeer-Mönchsrobbe** ist die **SELTENSTE ROBBE**. Es leben nur **600–700** Tiere **IN FREIHEIT**.

Das **Walross** hat mehr Schnurrhaare als jeder andere Flossenfüßer. Jedes Tier hat **400–700 SCHNURRHAARE**.

Mit **48 cm** Länge hat der **ANTARKTISCHE SEEBÄR** die **LÄNGSTEN SCHNURRHAARE** aller Säugetiere.

Der **KLEINSTE FLOSSENFÜSSER** ist der **Galapagos-Seebär**. Das Weibchen ist nur **1,2 m** groß.

An Land können **Walrosse** bis zu **19 Stunden SCHLAFEN**.

Im Wasser können **Walrosse** maximal **5 Minuten SCHLAFEN**.

Die **Weddellrobbe** kann **73 Minuten UNTER WASSER** bleiben.

Der **KALIFORNISCHE SEELÖWE** kann **40,2 km/h** schnell **SCHWIMMEN**.

WALROSS-STOSSZÄHNE können bis zu **1 m** lang und bis zu **5,4 kg** schwer werden.

Im Jahr **1910** gab es **WENIGER ALS 100 SEE-ELEFANTEN**. **HEUTE** sind es etwa **150000**.

Vom Menschen abgesehen ernähren sich nur **2 Tiere VON WALROSSEN**: der **SCHWERTWAL** und der **EISBÄR**.

Kampfeslustige

KATZEN

Alle 36 Wildkatzenarten sind fleischfressende Jäger, die sich an ihre Beute heranpirschen und sie mit scharfen, einziehbaren Krallen und Zähnen angreifen. Großkatzen, wie Löwen und Tiger, brüllen, während kleinere Katzen schnurren. Katzen haben viele verschiedene Fellmuster, darunter Streifen und Flecken.

Leoparden TRAGEN IHRE BEUTE AUF BÄUME. Kleine Antilopen können sie auf Äste schleppen, die bis zu **15 m HOCH** sind.

Die **KLEINSTE** Wildkatze ist die **Rostkatze** aus Indien und Sri Lanka. Sie wird bis zu **48 cm** lang, den Schwanz nicht mitgerechnet, und wiegt bis zu **1,6 kg**.

Die **BERGKATZE** lebt in den südamerikanischen Anden. Ihre **NAHRUNG** besteht zu etwa **50 %** aus dem lokalen Nagetier **Viscacha**.

Der **Schneeleopard** kann fast **12 m** weit springen.

Schneeleoparden wurden in den Bergen Zentral- und Südasiens in **HÖHEN** von **5800 m** gesichtet.

Sibirische Tiger haben von allen Katzen die **LÄNGSTEN REISS-ZÄHNE**. Sie können bis zu **10 cm** lang sein.

Das **BRÜLLEN** eines **Löwen** ist über **8 km** zu hören.

Ein **Gepard** kann in nur **3 Sekunden** auf **64 km/h** beschleunigen, in kurzen Sprints sogar bis auf **114 km/h**.

TIGER können mehr als **36 kg** Fleisch **AUF EINMAL FRESSEN.** Das entspricht etwa **320 Hamburgern**.

TIGERMÄNNCHEN wiegen meist **1,7-mal MEHR** als **WEIBCHEN.**

Löwen leben in **RUDELN VON ETWA 15 Löwen**. Es können sich aber bis zu **30 Löwen ZUSAMMENSCHLIESSEN.**

Der **Amurleopard** ist die **SELTENSTE GROSSKATZE.** Es sollen nur **65–69 Tiere** in den Wäldern zwischen China und Russland leben.

Ein **SCHNEELEOPARD** kann **BEUTE ERLEGEN**, die **3-mal SO VIEL WIEGT WIE ER.**

Der **Puma** hat mehr Namen als jedes andere Tier. Zu seinen **40 ANERKANNTEN NAMEN** gehören **BERGLÖWE** und **KUGUAR**.

Die **GRÖSSTE** Katze ist der **Sibirische Tiger**. Männchen können **3,3 m** lang sein und über **300 kg** wiegen.

TOP 10
DER SCHNELLSTEN SÄUGETIERE

1 **GEPARD** • *Acinonyx jubatus* •
114 km/h • Afrika, Iran
Das schnellste Landtier hat eine lange, biegsame Wirbelsäule. So kann der Gepard riesige Schritte machen. Hohe Geschwindigkeiten kann er aber nur über kurze Entfernungen halten.

2 **KROPFGAZELLE** • *Gazella subgutturosa* •
97 km/h • Asien
Die Kropfgazelle aus den asiatischen Wüsten und Vorgebirgen ist das schnellste Tier aus der Familie der Antilopen.

3 **GABELBOCK** • *Antilocapra Americana* •
88,5 km/h • Nordamerika
Der Gabelbock ist das schnellste Landtier über lange Strecken. Er kann eine Geschwindigkeit von 56 km/h über 6,6 km durchhalten.

4 **SPRINGBOCK** • *Antidorcas marsupialis* •
88 km/h • Südafrika
Der Springbock verdankt seinen Namen der Angewohnheit, über einen Meter hoch in die Luft zu springen.

4 **PFERD** • *Equus caballus* •
88 km/h • Weltweit
Pferderennen gab es schon vor mehreren Tausend Jahren im antiken Griechenland, Rom, Babylon, Syrien und Ägypten.

6 **THOMSON-GAZELLE** • *Eudorcas thomsonii* •
81 km/h • Kenia, Tansania
Die häufigste Gazelle Ostafrikas verfügt über eine unglaubliche Geschwindigkeit, mit der sie vor Raubtieren fliehen kann.

7 **GNU** • *Connochaetes* •
80,5 km/h • Ost- und Südafrika
Das Gnu ist eine große Antilope, die zusammen mit Zebra- und Büffelherden durch das östliche und südliche Afrika wandert.

8 **HIRSCHZIEGENANTILOPE** • *Antilope cervicapra* •
80 km/h • Indien, Nepal
Wenn eine Hirschziegenantilope Gefahr wittert, springt sie in die Luft und rennt los, der Rest der Herde folgt ihr sofort.

9 **LÖWE** • *Panthera leo* •
80 km/h • Afrika, Indien
Eine Löwin kann ihre Höchstgeschwindigkeit nur über kurze Zeit beibehalten, sodass sie sich an ihre Beute heranschleichen muss, bevor sie zum Angriff übergeht.

10 **FELDHASE** • *Lepus europaeus* •
70 km/h • Europa, Nordasien
Anders als das Kaninchen lebt und versteckt sich der Hase nicht in Erdlöchern, sodass er schneller sein muss als Raubtiere wie der Fuchs. Er kann seine Höchstgeschwindigkeit allerdings nur über etwa 20 Meter beibehalten.

Biber und

OTTER

Otter und Biber leben an Land und im Wasser. Otter gehören zur Familie der Wiesel und haben lange, biegsame Körper – ideal für die Jagd in Flüssen oder Meeren. Biber sind große Nagetiere mit paddelförmigen Schwänzen. Ihre Vorderzähne sind orange, weil sie mit eisenreichem Zahnschmelz überzogen sind.

Manche **Otter** KÖNNEN bis zu **4 Minuten** DIE LUFT ANHALTEN.

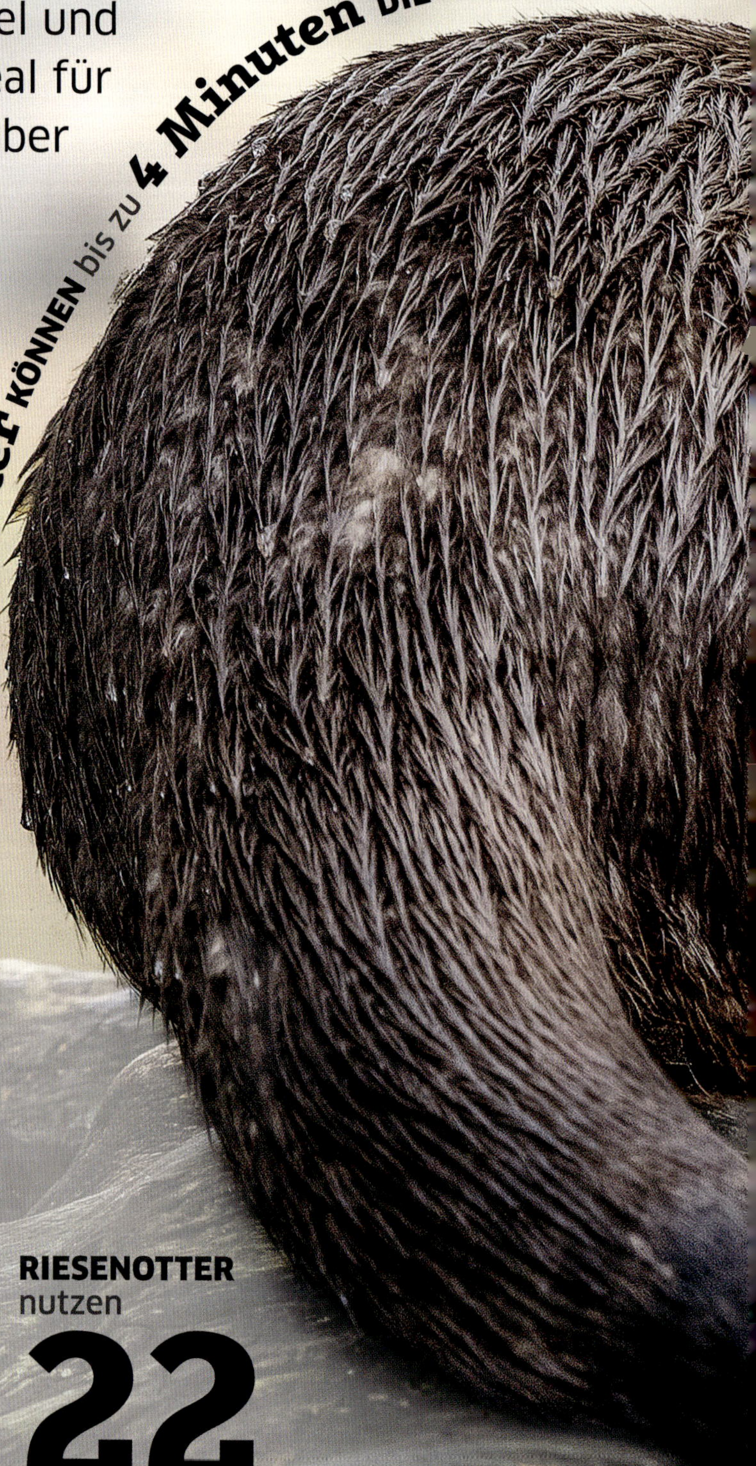

Der **GRÖSSTE OTTER** ist der **RIESENOTTER** aus Südamerika. Er kann bis zu **2,4 m** **LANG** werden.

Ein **RIESENOTTER** frisst **JEDEN TAG** **3 kg** **FISCH**.

Biber **WIEGEN** normalerweise etwa **30 kg**, doch **EINER WURDE** mit **50 kg** gewogen.

Der **Seeotter** ist das **KLEINSTE MEERESSÄUGETIER**. Er wird bis zu **1,15 m** lang.

RIESENOTTER nutzen **22** **VERSCHIEDENE LAUTE** zur Kommunikation.

Ein **BIBER** hat **2 Duftdrüsen AM SCHWANZ.** Der Duftstoff **RIECHT NACH VANILLE.**

Der **Seeotter** hat mit **400000 HAAREN PRO QUADRATZENTIMETER** das **DICHTESTE FELL** von allen Säugetieren.

Der riesige **ÄTHIOPISCHE OTTER**, *Enhydriodon dikikae*, lebte vor mehr als **5 Mio. JAHREN**. Er wog etwa **200 kg**.

Seeotter leben in **GROSSEN GRUPPEN** von bis zu **2000** Tieren zusammen.

BIBER haben **DURCHSICHTIGE INNERE AUGENLIDER** und können **15 Minuten UNTER WASSER** bleiben.

Biber BAUEN DÄMME, um sich zu schützen. Die Dämme können bis zu **3 m HOCH** und **500 m LANG** sein.

Der **LÄNGSTE BIBERDAMM** der Welt befindet sich in Alberta (Kanada). Er ist **850 m** lang und wurde **ÜBER JAHRZEHNTE** von Generationen von Bibern gebaut.

Die **OBEREN VORDERZÄHNE DER BIBER** können bis zu **25 mm** lang sein und sind perfekt zum **DURCHNAGEN VON BAUMSTÄMMEN.**

Ein **Seeotter** verbringt den **½ Tag JAGEND ODER FRESSEND.**

Es gibt **13 VERSCHIEDENE OTTERARTEN**, darunter den **Haarnasenotter** und den **Kongootter**.

Kräftige

NASHÖRNER

Nashörner sind große Tiere, aber erstaunlich scheu. Wenn sie bedroht werden, gehen sie allerdings zum Angriff über. Sie haben ein sehr gutes Gehör, sehen aber schlecht, weshalb sie sich manchmal auf Felsen oder Bäume stürzen! Die dicke Haut der Nashörner ist empfindlich und sie suhlen sich im Schlamm, um sich vor Sonnenbrand und Insektenstichen zu schützen.

Alle **5 Arten** von **NASHÖRNERN** sind vom Aussterben **BEDROHT**.

NASHÖRNER gebären nur **1 Kalb**.

Die **HAUT EINES NASHORNS** kann bis zu **2 cm** dick sein.

Mit **3,6 TONNEN** Gewicht und **4,2 m** Länge ist das **Breitmaulnashorn** das **GRÖSSTE NASHORN**.

Die **1** oder **2 HÖRNER DES NASHORNS** sind aus **KERATIN**, woraus auch unsere Nägel und Haare bestehen.

Einige **NASHÖRNER** können bis zu **45 km/h SCHNELL** rennen.

Das **BREITMAULNASHORN** ist fast **4-mal SCHWERER** als das durchschnittliche **SUMATRANASHORN**.

DAS HORN des Nashorns kann bis zu **1,5 m** lang werden.

Das **JAVA-NASHORN** ist das **SELTENSTE GROSSE SÄUGETIER**. Nur **76** Tiere **LEBEN IN 1 NATURSCHUTZGEBIET** in Indonesien.

Das **BREITMAULNASHORN** hat **2 Hörner**. Das vordere ist **LÄNGER** und dient zum **GRABEN NACH WASSER UND PFLANZEN**.

Das **AUSGESTORBENE NASHORN *PARACERATHERIUM LINXIAENSE*** war riesig und wog bis zu **21,7 TONNEN**. Es war **SCHWERER ALS 10 NASHÖRNER VON HEUTE** zusammen.

Im **20. JAHRHUNDERT** sank die Zahl der frei lebenden **NASHÖRNER** von **500000** **AUF 27000**.

Eine **NASHORNMUTTER KÜMMERT** sich bis zu **4 Jahre** **UM IHR KALB.**

NASHÖRNER sind etwa **450 Tage** trächtig, das entspricht fast **15 MONATEN.**

Der **Kopf** eines **Breitmaulnashorns** wiegt bis zu **450 kg**.

NASHÖRNER haben **3 Zehen** **AN JEDEM FUSS.**

FLUSSPFERDE

Es gibt nur zwei Arten von Flusspferden, das Flusspferd und das Zwergflusspferd. Die massigen Säugetiere sind enger mit Walen verwandt als mit Schweinen, denen sie ähneln. Flusspferde verbringen die meiste Zeit im Wasser, um sich abzukühlen, da sie nicht schwitzen können. Aber nachts kommen sie an Land, um zu grasen.

Das **FLUSSPFERD** hat den **STÄRKSTEN BISS** von allen Säugetieren. Die Kraft beträgt **8000 NEWTON (N)**, bei einem **LÖWEN** sind es **1770 N.**

Ein **FLUSSPFERDMÄNNCHEN** kann sein **MAUL 1,2 m** weit öffnen.

Man glaubt es kaum, aber ein **Flusspferd** kann **50 km/h** schnell rennen.

Das **FLUSSPFERD** wiegt bis zu **3,6 TONNEN**. Nur Elefanten und Nashörner sind schwerer.

Obwohl **FLUSSPFERDE** Vegetarier sind, haben sie **ECKZÄHNE**, die bis zu **71 cm** lang werden. Sie heißen Stoßzähne und dienen dem Kampf.

Das **KLEINSTE** Flusspferd ist das **Zwergflusspferd** aus Westafrika. Es ist etwa **170 cm** lang und wiegt **160–275 kg.**

HIPPOS werden bis zu **50 Jahre ALT.**

In **SAMBIA** lebt die **GRÖSSTE POPULATION** an **FLUSSPFERDEN** in Afrika, es sind etwa

40000.

Hippos kommen **3 Wochen OHNE FUTTER** aus.

In einer Nacht **FRISST** ein **FLUSSPFERD** **40 kg GRAS.**

Ein **FLUSSPFERD** kann mehr als **5 Minuten UNTER WASSER** bleiben.

FLUSSPFERDKÄLBER werden nach einer **TRAGZEIT** von **240 TAGEN** unter Wasser geboren.

FLUSSPFERDE gehören zu den **GEFÄHRLICHSTEN** Tieren Afrikas und **TÖTEN** etwa **500** Menschen im Jahr.

Ein **Flusspferdjunges WIEGT 25–50 kg.**

Die **HAUT** eines **FLUSSPFERDS** ist an Rücken und Hinterteil **4 cm** dick.

Flusspferde können in **GRUPPEN** von mehr als **100 TIEREN LEBEN.**

PFERDE UND ZEBRAS

Pferde und ihre Verwandten sind Huftiere, die an jedem Fuß eine einzelne, verhornte Zehe haben. Sie haben einen langen Hals und lange Beine und können schnell und weit laufen. Sie leben in Herden und ernähren sich von Gras.

Pferde wurden schon vor etwa **6000 Jahren** von Jägern in Zentralasien wegen ihres Fleisches und ihrer Milch gezüchtet.

Das **ÄLTESTE BEKANNTE PFERD** war ein Warmblüter und hieß **OLD BILLY**. Er wurde **62 Jahre** alt und lebte von **1760–1822**.

PFERDE mit einer Schulterhöhe von weniger als **1,48m** heißen **PONYS**.

Die einzigen **WILDPFERDE**, die es noch gibt, sind **Przewalski-Pferde**. **ALLE STAMMEN** von **13 ODER 14** gezüchteten Pferden ab, die **AUSGEWILDERT** wurden.

Steppenzebras WANDERN etwa **480 km** im Uhrzeigersinn durch Ostafrika.

Das **Steppenzebra** ist die **AM WEITESTEN VERBREITETE** Zebraart. Es leben etwa **500000** Steppenzebras im östlichen und südlichen Afrika.

Der **Afrikanische Esel ÜBERLEBT** Temperaturen von über **49°C** in der äthiopischen Danakilwüste.

Es gibt mehr als **400 Pferderassen.**

Das **GREVYZEBRA** ist das **GRÖSSTE** und am **MEISTEN GEFÄHRDETE** Zebra. Es leben nur noch etwa

2680

TIERE IN DER FREIEN NATUR.

Die **kleinste** Pferderasse ist das **Falabella**, das in Argentinien gezüchtet wird. Es wird nur etwa **80 cm** groß.

VOLLBLUTPFERDE sind die **TEUERSTEN** Tiere der Welt. Das Rennpferd **FUSAICHI PEGASUS** wurde 2000 für **40 Mio. €** verkauft.

PFERDE werden im Durchschnitt **10–30 JAHRE** alt.

PFERDE haben **10 VERSCHIEDENE MUSKELN** in ihren **OHREN** und sie können sie unabhängig voneinander bewegen.

Den **GESCHWINDIGKEITSREKORD** unter Rennpferden hält seit **2008 WINNING BREW**, der bei einem Rennen **ÜBER 400m**

70,8 km/h

LIEF.

WIEDERKÄUER

Kühe, Antilopen und Schafe sind Wiederkäuer. Sie haben ein Verdauungssystem mit mehreren Mägen. Kühe und Schafe gehören zu den am häufigsten vorkommenden Säugetieren auf der Erde und werden für die Fleisch-, Milch- und Wollproduktion gezüchtet.

KÜHE FRESSEN UND KAUEN mehr als **6 STUNDEN AM TAG.**

Widder kämpfen bis zu **24 STUNDEN** mit **KOPFSTÖSSEN GEGENEINANDER.**

KÜHE wurden vor etwa **10500 JAHREN** im Fernen Osten **AUS WILDOCHSEN** gezüchtet.

Das in **GRÖSSTER HÖHE LEBENDE SÄUGETIER** ist das **YAK**, das auf der **TIBETANISCHEN HOCHEBENE** in Höhen von mehr als **6000 m** heimisch ist.

SCHÄTZUNGSWEISE 1,5 BILLIONEN KÜHE werden in landwirtschaftlichen Betrieben gehalten, um **MILCH UND FLEISCH ZU PRODUZIEREN.**

GNUS folgen **ZEBRAS** und **BÜFFELN** auf einer **KREISFÖRMIGEN WANDERUNG** **1450 km** rund durch Afrika.

Die **Vierhorn-antilope** ist das **EINZIGE SÄUGETIER** mit **4 HÖRNERN**.

Die **KLEINSTE** Antilope ist das **KLEINST-BÖCKCHEN**. Es wird nur **30 cm** groß.

Der asiatische **Wilde Wasserbüffel** kann bis zu **1200 kg** wiegen.

WILDE WASSER-BÜFFEL können bis zu **4,25 m** lange Hörner haben – die **LÄNGSTEN** Hörner **IN DER TIERWELT**.

In Australien lieferte ein **SCHAF, DAS IN DIE WILDNIS** entkommen war, **BEI DER SCHUR 41 kg WOLLE.** Das ist **8-MAL** mehr, als Hausschafe produzieren.

Auf ihrer **JÄHRLICHEN WANDERUNG** durch **KENIA** und **TANSANIA** können sich **GNUS** in **HERDEN** von bis zu **1,3 Mio. TIEREN** versammeln.

Der **GRÖSSTE** in der Familie der Kühe ist der **GAUR**, der von den Hufen bis zur Schulter **2,2 m** erreichen kann.

Es wird angenommen, dass Anfang des **19. JAHRHUNDERTS** **60 Mio. BISONS** in **NORDAMERIKA** lebten.

CHINA hat mit mehr als **136 Mio.** Tieren die **GRÖSSTE SCHAF-POPULATION** der Welt.

Wild- und Haus-

SCHWEINE

Zur Familie der Schweine gehören Wild-, Haus- und Warzenschweine sowie Hirscheber. Die meisten haben einen klobigen Körper, einen großen Kopf, kurze Beine und eine superempfindliche Schnauze zum Schnüffeln.

Die **9 SCHWEINEARTEN** sind auf **3 Kontinenten** heimisch: Europa, Afrika und Asien.

Alle **SCHWEINE** haben **4 Zehen** an jedem Fuss, sie **LAUFEN** aber **NUR AUF DEN MITTLEREN 2 Zehen**.

Das **ÄLTESTE BEKANNTE HAUSSCHWEIN** ist **BABY JANE** aus Illinois (USA). Es wurde **23 JAHRE UND 121 TAGE** alt.

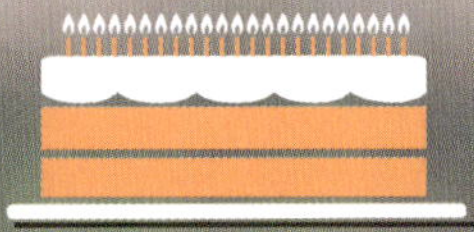

Das **VISAYAS PUSTELSCHWEIN** hat mehr als **95%** seines **NATÜRLICHEN LEBENSRAUMS** verloren und ist vom **Aussterben bedroht**.

Heute gibt es weltweit **1 Billion HAUSSCHWEINE**.

1993 brachte ein Schwein in Yorkshire (England) bei einem Wurf **37 FERKEL** zur Welt. Das ist offizieller **WELTREKORD**.

Das afrikanische **RIESENWALDSCHWEIN** ist ein **Schwergewicht** unter den Schweinen. Es bringt **270 kg** auf die Waage. So schwer ist ein kleiner Flügel.

SCHWEINE haben **30%** **MEHR GERUCHSZELLEN ALS HUNDE** und können **Gerüche** bis zu **7,5m UNTER DER ERDE** erschnüffeln.

Das **ZWERGWILDSCHWEIN** wird nur **25cm** groß, also etwa so **GROSS WIE EINE HAUSKATZE**.

Das **SULAWESI-PUSTELSCHWEIN** aus Indonesien kann in einer **HÖHE VON 2500m** überleben.

In **AUSTRALIEN** gibt es über **24 Mio. Wildschweine**. Das entspricht der Bevölkerungszahl Australiens.

Ein **WÜTENDES WARZENSCHWEIN** kann **48km/h** schnell rennen.

Das **Bartschwein** aus Borneo lebt in **FAMILIENGRUPPEN** von bis zu **200 TIEREN**.

Die **2 STOSSZÄHNE DES HIRSCHEBERS** sind **gebogene Eckzähne**. Sie wachsen durch die Haut und sind **30cm** lang.

Lamas, Giraffen und KAMELE

Diese drei Säugetiere sind alle Paarhufer, sie haben also zwei verhornte Zehen an jedem Fuß. Kamele und Lamas haben breite, gepolsterte Füße, mit denen sie schwere Lasten tragen können. Eine Giraffe hat einen kräftigen Tritt, mit dem sie sogar einen angreifenden Löwen töten könnte!

Ein **KAMEL** kann **1/4** **SEINES GEWICHTS** an Wasser **TRINKEN**.

Nur **1 Kamelart** lebt **WILD**: das **zweihöckrige Wildkamel**.

Das **WILDKAMEL** kann **BEI TEMPERATUREN** von **40°C** bis **–29°C** überleben.

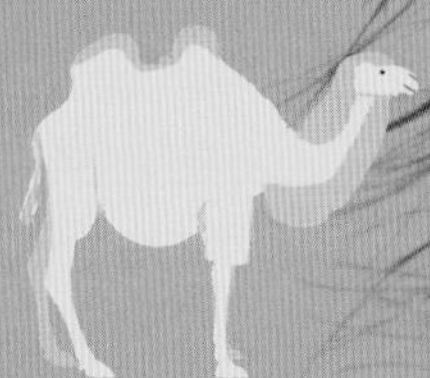

Das **größte Kamel** ist das einhöckrige **DROMEDAR**. Es wird bis zu **3,5m** groß und kann bis zu **690kg** wiegen.

Kein Tier hat einen längeren **HALS** als die **Giraffe**. Er macht **1/3 IHRER HÖHE** aus.

Ein **Lama** hat **3 Mägen** zum Verdauen der zähen Nahrung.

Ein **Dromedar** kann täglich **SCHWERE LASTEN** bis zu **40 km WEIT RAGEN**.

Ein **DROMEDAR** kann **36 kg FETT IN SEINEM HÖCKER SPEICHERN** und bei Bedarf in Wasser und Energie umwandeln.

LAMAS haben **null VORDERZÄHNE IN IHREM OBERKIEFER**, dafür aber eine gummiartige Platte, die sich zum Kauen von Pflanzen eignet.

KAMELE haben **2 LANGE WIMPERNREIHEN**, die die **AUGEN** vor Sand **SCHÜTZEN**.

Die **Giraffe** ist das **HÖCHSTE TIER DER WELT**. Sie ist **HÖHER ALS 3** übereinanderstehende **MÄNNER**.

GIRAFFENJUNGE sind **BEI IHRER GEBURT 1,8 m** groß und **KÖNNEN NACH 30 MINUTEN LAUFEN**.

Der **GIRAFFENHALS** besteht aus nur **7 Wirbeln**. Das ist dieselbe Anzahl wie bei Mäusen und Menschen.

Die **Massaigiraffe** ist die **GRÖSSTE GIRAFFENART**. Männchen können bis zu **6 m** hoch werden.

Eine **Giraffe** hat eine **SCHWARZE ZUNGE**, die bis zu **45 cm** lang sein kann.

Giraffen sind groß, aber auch **SCHNELL**. Sie können über kurze Strecken **59,5 km/h** schnell **RENNEN**.

ZAHNWALE

Delfine und Schweinswale gehören zu den Zahnwalen, ebenso wie Narwale und Schwertwale, die auch Killerwale genannt werden. Ein Delfin ist ein intelligentes, verspieltes Säugetier – und dank seiner Flossen und seines kräftigen Schwanzes ein starker Schwimmer. Delfine sind eng mit den Schweinswalen verwandt.

Der **LANGSCHNÄUZIGE GEMEINE DELFIN** kann **240 ZÄHNE** haben. Kein anderer Delfin hat mehr.

Mit **2,6 m** Länge ist der **Amazonasdelfin** der **GRÖSSTE FLUSSDELFIN**. Ungewöhnlicherweise ist er rosafarben.

Der **LÄNGSTE** Schweinswal ist der **WEISSFLANKEN-SCHWEINSWAL**. Er erreicht **2,2 m** Länge und wiegt **200 kg**.

Delfine spüren ihre Beute durch **ECHOORTUNG** auf. Sie geben bis zu **1000 KLICK-GERÄUSCHE PRO SEKUNDE** ab und achten auf die von der Beute abprallenden Schallwellen.

Der männliche **Narwal** hat den **LÄNGSTEN ZAHN** aller Wale. Er kann länger als **3 m** werden und **SIEHT AUS WIE EIN HORN**.

NARWALE können **SEHR TIEF TAUCHEN**. Sie jagen in **1500 m** Tiefe nach Fischen und das bis zu **15-MAL AM TAG**.

SCHWERTWALE sind die **SCHNELLSTEN** Meeressäuger. Sie erreichen Geschwindigkeiten von **55,5 km/h**.

Schwertwale können zwischen ihren Futterplätzen Entfernungen von **MEHR ALS 11000 km** zurücklegen.

Der **POTTWAL** hat das **GRÖSSTE GEHIRN** im Tierreich. Es wiegt etwa **9 kg**. Ein **MENSCHLICHES GEHIRN WIEGT** nur **1,4 kg**.

Delfine schlafen mit **1 OFFENEN AUGE**, damit sie das **LUFTHOLEN** nicht vergessen.

Bei Delfinen bleibt im **SCHLAF** das **½ GEHIRN aktiv**, um auf Raubtiere reagieren zu können.

Eine Gruppe von **DELFINEN** wird als **SCHULE** bezeichnet. Mehr als **1000 TIERE** können in **1 SCHULE** sein.

SCHWERTWALE können bis zu **80 JAHRE** alt werden.

Es gibt etwa **70 ARTEN** von **ZAHNWALEN**.

Der **KLEINSTE** Delfin ist der **Hector-Delfin**. Er lebt in den Gewässern Neuseelands und wird **NICHT GRÖSSER** als **1,6 m**.

Es gibt nur noch **10 KALIFORNISCHE SCHWEINSWALE** in den USA. Sie sind die **SELTENSTEN** Meeressäuger.

Das Säugetier mit dem **LANGSAMSTEN HERZSCHLAG** ist der **Blauwal**. Sein Herz schlägt **4–8-MAL PRO MINUTE.**

Eine **BLAUWALKUH**, die **1947** gewogen wurde, ist das **SCHWERSTE JE GEWOGENE TIER.** Sie wog **190 TONNEN**. Das entspricht **32 AFRIKANISCHEN ELEFANTEN**.

Früher gab es **HUNDERTTAUSENDE BLAUWALE, HEUTE** sind es nur **NOCH 3000**.

DIE MEISTEN WALE werden **20–100 Jahre** alt, aber der **GRÖNLANDWAL** kann **MEHR ALS 200 Jahre** leben.

Ein **GLATTWAL** hat einen **RIESIGEN KOPF**, der bis zu **1/3** seiner **KÖRPERLÄNGE** ausmacht.

Die **BARTEN DES GRÖNLANDWALS** messen **5,2 m**.

BUCKELWALE können **7,5 Monate** im Jahr **OHNE NAHRUNG** auskommen.

Viele **WALE LEBEN IN SCHWÄRMEN** von einigen wenigen bis zu **1000 TIEREN**.

Der **FINNWAL** kann bis zu **26 m** lang werden und passt damit in kein Freizeitschwimmbecken.

Der **FINNWAL** ist der **SCHNELLSTE** unter den großen Walen. Er erreicht Geschwindigkeiten von bis zu **37 km/h**.

Bei ihrer Geburt können **BLAUWALKÄLBER** etwa **8 m** lang sein, das ist **SO LANG WIE EIN BUS.**

BARTEN-WALE

Wale leben in allen Ozeanen der Erde und sind die größten Tiere, die je auf der Erde existiert haben. Einige Wale haben Zähne, aber Bartenwale haben fein gefiederte Hornplatten, sogenannte Barten, im Oberkiefer, die riesige Mengen an winzigen Lebewesen wie Plankton aus dem Wasser filtern.

Der **KLEINSTE BARTENWAL** ist der **ZWERGGLATTWAL.**

Er wird bis zu **6,5 m** lang und wiegt immerhin **3500 kg.**

Ein **BLAUWAL** kann etwa **3500 kg KRILL PRO TAG FRESSEN.**

Der **GRÖNLANDWAL** hat den **DICKSTEN BLUBBER** aller Tiere. Er ist bis zu **40 cm** dick.

Es gibt **14 Arten** von **BARTENWALEN.**

TOP 10 DER LANGLEBIGSTEN SÄUGETIERE

1 **WAL** • *Balaena mysticetus* • Arktische Gewässer • Durchschnittliche Lebenserwartung: **200 Jahre**

Viele Bartenwale, wie der Blauwal und der Finnwal, werden mehr als 100 Jahre alt. Aber der Grönlandwal, der nur wenige Fressfeinde hat, kann 200 Jahre alt werden.

2 **MENSCH** • *Homo sapiens* • Weltweit • Durchschnittliche Lebenserwartung: **72,6 Jahre**

Der bisher älteste bekannte Mensch war die Französin Jeanne Louise Calment. Sie wurde 122 Jahre und 164 Tage alt.

3 **ELEFANT** • *Loxodonta africana* • Afrika • Durchschnittliche Lebenserwartung: **70 Jahre**

Der Afrikanische Buschelefant ist der größte Elefant und das größte lebende Landsäugetier der Welt, aber der Bestand ist durch Wilderei bedroht.

4 **DUGONG** • *Dugong dugon* • Gewässer Asiens und Australiens • Durchschnittliche Lebenserwartung: **70 Jahre**

Obwohl sie sehr unterschiedlich aussehen, sind Dugongs mit Elefanten verwandt. Sie haben gemeinsame Vorfahren, die vor 50 Millionen Jahren lebten.

5 **DELFIN** • *Stenella coeruleoalba* • Tropische und wärmere Gewässer • Durchschnittliche Lebenserwartung: **58 Jahre**

Es gibt etwa 40 Delfinarten. Fleckendelfine werden 50 Jahre und älter.

6 **RUNDSCHWANZSEEKUH** • *Trichechus* • Gewässer Afrikas, Mittel- und Südamerikas • Durchschnittliche Lebenserwartung: **55 Jahre**

Obwohl eine Seekuh ihr ganzes Leben im Wasser verbringt, muss sie alle 3 bis 4 Minuten Luft holen.

7 **BAIKALROBBE** • *Pusa sibirica* • Baikalsee (Russland) • Durchschnittliche Lebenserwartung: **52 Jahre**

Die meisten Robben werden bis zu 35 Jahre alt, aber die Baikalrobben in Russland leben zwei Jahrzehnte länger.

8 **KAMEL** • *Camelus bactrianus* • Zentralasien • Durchschnittliche Lebenserwartung: **50 Jahre**

Kamele haben zwei Höcker und kräftige Muskeln, mit denen sie viel Gewicht tragen können – und sie sind sehr gute Schwimmer.

9 **SCHIMPANSE** • *Pan troglodytes* • Mittel- und Ostafrika • Durchschnittliche Lebenserwartung: **45 Jahre**

Schimpansen benutzen Werkzeuge, brechen Nüsse mit Steinen auf und verwenden Schwämme, um Wasser zu sammeln.

9 **KURZSCHNABELIGEL** • *Tachyglossus aculeatus* • Australien und Neuguinea • Durchschnittliche Lebenserwartung: **45 Jahre**

Dieser Igel gehört zu den ältesten Säugetierarten der Welt und hat die niedrigste Körpertemperatur aller Säugetiere.

Stinktiere, Waschbären und

WIESEL

Diese fleischfressenden Säugetiere sind alle drei miteinander verwandt. Sie leben in Wäldern und Waldgebieten. Wiesel ernähren sich bevorzugt von Mäusen und Wühlmäusen. Stinktiere fressen Kaninchen und Nagetiere. Waschbären mögen Samen und Beeren, fressen aber auch Fische, Insekten und Vögel.

Glückliche **0,1%** der Menschen riechen den **DUFTSTOFF** des **STINKTIERS** nicht.

Menschen können den Geruch des am schlimmsten **STINKENDEN SÄUGETIERS**, des **STREIFENSKUNKS**, über **1km** weit riechen.

Der **COZUMEL-WASCHBÄR** ist die **SELTENSTE** Waschbärart. Nur **190 Tiere** leben auf der Insel Cozumel in Mexiko.

Der **COZUMEL-WASCHBÄR** ist der **KLEINSTE** Waschbär. Er wird nur **58cm** groß.

Ein **STINKTIERBABY KANN WEDER HÖREN NOCH SEHEN**, bevor es etwa **3 Wochen alt** ist.

In einem **KALTEN WINTER** kann ein **STINKTIER** die **½ SEINES GEWICHTS** verlieren.

Der **SCHWANZ** eines **WASCHBÄREN** hat **5–10 dunkle Kringel**.

Ein **WIESEL** kann in einem Jahr **30 Junge** bekommen. **2 WÜRFE** mit je **15 JUNGEN** sind nicht selten.

Die **STREIFEN** im Fell des **SKUNKS** sind eine **WARNUNG**. Sie zeigen auf die **2 Drüsen**, die den **DUFTSTOFF** abgeben.

Ein **STINKTIER** kann seine **SPRÜHDRÜSE** auf ein **2m** entferntes Raubtier richten.

Nur **0,01%** der **WASCHBÄREN** werden als Albinos geboren und haben **WEISSES FELL**.

VIELFRASSE sehen aus wie kleine Bären, sind aber mit **101 cm** die **GRÖSSTEN MITGLIEDER DER WIESELFAMILIE**.

WIESEL JAGEN TAG UND NACHT und essen pro Tag mindestens **5 Mahlzeiten**.

Das **Mauswiesel** ist ein **TÖDLICHER JÄGER** und **ERLEGT TIERE, DIE 10-mal SCHWERER SIND ALS ES SELBST**.

Mit **30 cm** Körperlänge ist das **MAUSWIESEL** das **KLEINSTE FLEISCHFRESSENDE SÄUGETIER**.

Mit seinen **5 STARKEN, BEWEGLICHEN ZEHEN** an den Vorderfüßen kann ein **WASCHBÄR TÜREN ÖFFNEN**.

Kuriose
KLOAKENTIERE

Der Schnabeligel – auch Ameisenigel genannt – gehört wie das Schnabeltier zu den Kloakentieren. Das sind Säugetiere, die weichschalige Eier legen. Sie leben in Neuguinea und Australien. Das Schnabeltier hat einen flachen Schnabel und Schwimmhäute an den Füßen.

Mit mehr als **8 Stunden** **REM-SCHLAF** pro Tag hat das **SCHNABELTIER** mehr von dem, was wir mit **TRÄUMEN** verbinden, als jedes andere Säugetier.

KLOAKENTIERE haben sich wahrscheinlich vor mehr als **120 Mio.** **JAHREN ENTWICKELT**. Sie sind eine der **ÄLTESTEN SÄUGETIERGRUPPEN**.

Ein weiblicher **Schnabeligel** **LEGT** nur **1 Ei** pro Jahr.

Das **SCHNABELTIER** hat **4** **SCHWIMMFÜSSE**.

Ein **SCHNABELIGEL** fängt mit seiner **15 cm** langen, **KLEBRIGEN ZUNGE** Ameisen und Würmer.

Es gibt **5 Arten** **VON KLOAKENTIEREN**: **4 IGELARTEN** und das **SCHNABELTIER**.

Mit **30–33°C** haben **Schnabeligel** die **NIEDRIGSTE KÖRPERTEMPERATUR** aller Säugetiere.

Ein **Schnabeltier FRISST** jeden Tag fast **30%** seines **GEWICHTS**, weil es keinen Magen hat.

Bei der **NÄCHTLICHEN JAGD NACH NAHRUNG LEGT** ein **SCHNABELTIER** mehr als **10 km** zurück.

Das **GRÖSSTE EIERLEGENDE SÄUGETIER** war der ausgestorbene **HACKETT-LANG-SCHNABELIGEL**. Er wog bis zu **100 kg**.

Das **Schnabeltier** ist das **LEICHTESTE KLOAKENTIER**. Männchen wiegen oft nur **1kg**.

Ein **MÄNNLICHER SCHNABELIGEL** hat **2 giftige Stacheln**, deren **GIFT** einen **Hund töten** kann.

Der **Schnabeligel** hat nur **1 Zahn**, um **BEIM SCHLÜPFEN DIE EI-SCHALE AUFZUBRECHEN.** Nahrung mahlt er mit Knochenplatten im Mund.

Ein **SCHNABELTIER** hat **40000 Elektrorezeptoren** auf seinem Schnabel, um **BEUTETIERE** im Schlamm zu entdecken.

Ein **SCHNABELIGELBABY** lebt **53 Tage IM BEUTEL SEINER MUTTER.** Dann bilden sich die scharfen Stacheln aus.

SCHNABELTIERE BRÜTEN ihre **EIER IN UNTERIRDISCHEN HÖHLEN** aus. Eine **HÖHLE** kann **30 m** lang sein.

Vierbeinige

HAUSTIERE

Katzen und Hunde sind beliebte Haustiere. Man schätzt, dass es weltweit etwa 900 Millionen Hunde und 600 Millionen Katzen gibt. Welches Tier die Menschen bevorzugen, ist von Land zu Land verschieden. In Japan gibt es mehr Hunde als Katzen, in den USA ist es umgekehrt. Viele Säugetiere können als Haustiere gehalten werden.

Vor etwa **15000 Jahren** begann der **MENSCH**, **WÖLFE** zu zähmen und **ALS HAUSTIERE** zu halten. Alle **HAUSHUNDE** sind mit Wölfen verwandt.

Der **GRÖSSTE BEKANNTE HUND** war **ZEUS**. Er war eine **DEUTSCHE DOGGE** aus den USA und wurde **111,8 cm** groß.

Jeder **HUND** hat **1 Sache**, die einzigartig ist: **seine Duftmarke**. Sie ist vergleichbar mit dem **FINGERABDRUCK DES MENSCHEN**.

Abgesehen vom Menschen gibt es nur **1 Säugetier**, **DAS ZUM NORD- UND ZUM SÜDPOL GELAUFEN IST:** **der Hund**.

Der **BORDER COLLIE** soll die **INTELLIGENTESTE HUNDERASSE** sein. Die Tiere **VERSTEHEN ETWA** **250 Wörter**.

Ein **KATER** namens **STUBBS** war etwa **20 Jahre** Ehren-**BÜRGERMEISTER** der Stadt Talkeetna in Alaska.

HAUSKATZEN werden meist **12–15 Jahre** alt, aber **CREME PUFF** aus Texas (USA) lebte **38 Jahre UND 3 Tage**.

LANGHAARKATZEN haben ein mehr als **15 cm** langes Fell. Eine **KATZE NAMENS SOPHIE** aus den USA hatte sogar **25,7 cm** lange Fellhaare.

EINIGE KATZENRASSEN, wie die **ÄGYPTISCHE MAU**, können **48 km/h SCHNELL LAUFEN**.

Katzen schlafen **2/3 IHRES LEBENS**.

Die **KLEINSTE KATZENRASSE** ist die **SINGAPURA** aus Singapur. Erwachsene Weibchen wiegen nur **1,8 kg**.

Der **GERUCHSSINN DES HUNDS** ist **40-mal BESSER** als der des Menschen.

KÄTZCHEN können bei der Geburt weder sehen noch hören. Sie brauchen **2 Wochen**, um die **AUGEN ZU ÖFFNEN**, und **6 Wochen**, bis sie **HÖREN**.

CHINCHILLAS haben das **DICHTESTE FELL VON ALLEN LANDTIEREN. MENSCHEN WÄCHST 1 Haar** aus jeder Haarwurzel, bei **CHINCHILLAS SIND ES MEHR ALS 50**.

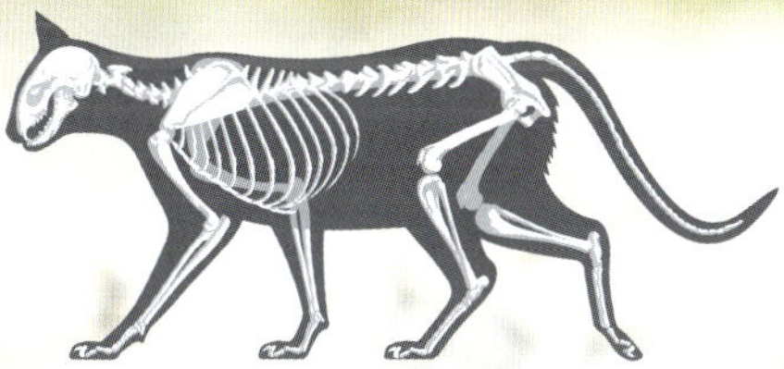

Eine **KATZE** hat etwa **230 Knochen** im Körper. Ein **MENSCH** hat **206**.

Das **HERZ EINES FRETTCHENS** schlägt etwa **300-MAL PRO MINUTE**. Das Herz einer **Katze** schlägt **120–160-MAL PRO MINUTE**.

GLOSSAR

Albino
Ein Tier, das weiß oder rosa ist, weil die Zellen kein Melanin produzieren. Melanin wird benötigt, um Haare und Augen zu färben.

Allesfresser
Ein Tier, das sowohl Pflanzen als auch Tiere frisst.

Amphibie
Ein Wirbeltier, das sein Leben als Larve (oft Kaulquappe genannt) im Wasser beginnt, aber als erwachsenes Tier Luft atmet und zumindest teilweise an Land lebt.

Äquator
Eine gedachte Linie, die einmal um die Erde läuft und sie in eine Nord- und eine Südhalbkugel teilt. In der Nähe des Äquators sind die Temperaturen höher.

Art
Eine Gruppe von Organismen, die sich nur untereinander fortpflanzen.

Ausgestorben
Eine ausgestorbene Art hat keine lebenden Individuen.

Balz
Verhalten von Männchen und Weibchen, um vor der Paarung eine Bindung aufzubauen.

Bau
Loch oder Tunnel, den ein kleines Tier in den Boden gegraben hat und den es dann als Lebensraum nutzt.

Bestäuben
Pollen von einer Pflanze auf eine andere Pflanze übertragen, damit neue Pflanzensamen entstehen können.

Beute
Ein Tier, das von einem Raubtier gejagt, getötet und gefressen wird.

Beuteltiere
Säugetiere, die unentwickelte Junge zur Welt bringen. Sie leben in einem Beutel am Bauch der Mutter, bis sie größer sind.

Blubber
Dicke Fettschicht unter der Haut von Meeressäugern wie Robben und Walen.

Brut
Jungtiere, die gleichzeitig von derselben Mutter geboren oder ausgebrütet werden.

Chlorophyll
Grünes Pigment in Pflanzen, das ihnen ihre Farbe verleiht und ihnen hilft, Energie und andere Nährstoffe aufzunehmen.

Dezibel
Eine Maßeinheit für die Intensität und Lautstärke eines Geräuschs.

Drüse
Ein Organ, das Stoffe oder Sekrete produziert und an den Körper oder nach außen abgibt, z.B. Hormone, Milch oder Schweiß.

Duftstoff
Ein unverwechselbarer Geruch, den ein Tier oft in seinem Urin produziert, um einen Partner anzulocken, sein Revier zu markieren oder Raubtiere abzuschrecken.

Echoortung
Eine Methode, mit der Delfine und Fledermäuse ihren Weg finden und Nahrung orten. Dazu senden sie Schallsignale aus und lauschen auf das Echo, das von Objekten in ihrer Umgebung zurückgeworfen wird.

Ei
Eine hartschalige Kapsel, in der sich das Jungtier entwickelt, bevor es ausschlüpft. Auch eine Fortpflanzungszelle, die von weiblichen Tieren produziert wird.

Elektrorezeptoren
Sinnesorgane, die elektrische Signale und Bewegungen erkennen und dem Tier helfen, seine Beute zu orten.

Erpel
Eine männliche Ente.

Exoskelett
Das äußere Skelett, das einige wirbellose Tiere, insbesondere Insekten, bedeckt, stützt und schützt.

Facettenauge
Ein Auge aus vielen kleinen Teilen, die jeweils eine eigene Linse haben.

Filtrierer
Ein Tier, das sich ernährt, indem es große Mengen Wasser mit Nahrungspartikeln aufnimmt, die dann aus dem Wasser herausgefiltert werden.

Fleischfresser
Ein Tier, das nur Fleisch frisst.

Flügelspannweite
Die Länge zwischen der Spitze eines Vogel- oder Insektenflügels und der Spitze des anderen Flügels, wenn die Flügel ausgestreckt sind.

Fressfeind
Tier, das eine bestimmte Tierart als Beute verfolgt und frisst.

Fühler
Sinnesorgane am Kopf einiger wirbelloser Tiere, wie z.B. Insekten, die zum Tasten, Riechen und Schmecken dienen.

Gefährdet
In der nahen Zukunft vom Aussterben bedroht. Tierarten werden durch den Verlust ihrer Lebensräume, Wilderei oder gebietsfremde andere Arten gefährdet.

Gefieder
Die Federschicht, die einen Vogel bedeckt, um ihm Schutz und Isolierung zu bieten, und ihn stromlinienförmig macht.

Giftig
Ein Tier, das ein Gift produziert, um es einem anderen Tier durch Bisse oder Stiche zu verabreichen, entweder zur Selbstverteidigung oder zur Jagd.

Gliederfüßer
Ein Tier mit segmentiertem Körper und einer harten Schutzschicht, genannt Exoskelett, die die Außenseite seines Körpers bedeckt.

Greif-
Fähigkeit, sich um ein Objekt zu wickeln und es festzuhalten. Der Schwanz eines Seepferdchens oder eines Chamäleons zum Beispiel ist ein Greifschwanz.

Häutung
Bei Gliederfüßern das Abwerfen des Exoskeletts, um Wachstum zu ermöglichen. Bei Wirbeltieren wird die Haut, das Fell oder das Gefieder abgeworfen, damit es nachwachsen kann. Fellwechsel und Mauser dienen der Erneuerung oder dazu, sich dem Wetter anzupassen oder um sich auf die Fortpflanzung vorzubereiten.

Hertz
Maßeinheit, die die Anzahl der in einer Sekunde übertragenen Schallschwingungen beschreibt.

Hinterleib
Bei Insekten bezieht sich dies auf den hintersten der drei Körperabschnitte. Bei Wirbeltieren wird der Hinterleib auch als Bauch bezeichnet und enthält den Magen und andere Organe.

Hochwürgen
Der Akt des Zurückholens von verschluckter Nahrung zurück in den Mund. Vögel tun dies z.B., um ihre Jungen zu füttern.

Kaulquappe
Die im Wasser lebende Larve von Amphibien, insbesondere von Fröschen und Kröten. Kaulquappen verwandeln sich allmählich in Luft atmende erwachsene Tiere.

Kiemen
Ein Organ, das Fischen und anderen Wassertieren dazu dient, Sauerstoff aus dem Wasser zu gewinnen.

Klauen
Scharfe, hakenförmige Krallen, die nach unten gebogen sind. Sie finden sich bei Vögeln, Reptilien, vielen Säugetieren und einigen Amphibien. Sie werden zum Graben, Klettern oder Festhalten genutzt.

Knorpel
Ein festes, flexibles Gewebe, das Teil des Skeletts einiger Wirbeltiere ist. Bei Haien besteht das gesamte Skelett aus Knorpel.

Kokon
Eine seidige Hülle, die die Raupen umschließt und schützt, während sie sich zu erwachsenen Tieren entwickeln.

Kolonie
Eine Gruppe von Tieren, die zu einer Art gehören und zusammen leben.

Kopffüßer
Eine Gruppe von Weichtieren, zu der Tintenfische, Kraken und Oktopusse gehören.

Krustentier
Eine hauptsächlich im Wasser lebende Gliederfüßerart mit einer harten Schale und zwei Fühlerpaaren, wie z.B. Krabben.

Larve
Die unreife, oft wurmartige Form, die aus den Eiern vieler Insekten und anderer wirbelloser Tiere schlüpft.

Laufvögel
Eine Gruppe von großen, langhalsigen und meist flugunfähigen Vögeln.

Lebensraum
Die natürliche Umgebung, in der ein Tier lebt.

Made
Beinlose Larve eines Insekts, z.B. einer Fliege.

Mauser
Das regelmäßige Abwerfen und Nachwachsen des Gefieders bei Vögeln.

Metamorphose
Verwandlung der Jungtiere bestimmter Tiere in ihre erwachsene Form – z.B. von der Raupe zum Schmetterling.

Muscheln
Tiere mit weichem Körper, die in einer zweiteiligen Schale mit Scharnieren leben.

Nachtaktiv
Wenn ein Tier nachts jagt, ist es nachtaktiv. Das Gegenteil ist tagaktiv.

Newton
Eine Maßeinheit, die verwendet wird, um die Stärke einer Kraft anzugeben.

Organismus
Ein Lebewesen, z.B. ein Tier, eine Pflanze oder ein Pilz.

Panzer
Eine knöcherne Außenplatte mit einer schützenden Hornschicht darüber, etwa bei Schildkröten.

Pflanzenfresser
Ein Tier, das sich nur von Pflanzen ernährt.

Prähistorisch
Eine Zeit in der Geschichte, bevor es schriftliche Aufzeichnungen gab.

Primaten
Eine Säugetierart, zu der auch Loris, Menschenaffen und Menschen gehören. Alle Primaten haben nach vorn gerichtete Augen und bewegliche Greifhände.

Primitiv
Etwas, das einfach im Sinne von ursprünglich ist, weil es sich in einem frühen Stadium der evolutionären Entwicklung befindet.

Puppe
Das Stadium im Lebenszyklus bestimmter Insekten, in dem die Larve während der Metamorphose zum erwachsenen Tier durch eine spezielle Hülle geschützt wird.

Raubtier
Ein Tier, das andere Tiere jagt, tötet und frisst, z.B. ein Löwe oder ein Wolf.

Regenwald
Dichtes tropisches Waldgebiet, in dem es oft und stark regnet.

REM-Schlaf
Schlafphase, in der sich die Augen hinter den geschlossenen Lidern bewegen und das Hirn aktiv ist. Die meisten Träume finden in dieser Phase statt.

Reptilie
Ein kaltblütiges, meist Luft atmendes Tier mit einem schuppigen Körper. Es legt meist Eier und bringt keine lebenden Jungen zur Welt.

Revier
Ein Gebiet, das von einem Tier oder einer Tiergruppe bewohnt wird und das sie vor anderen Mitgliedern der gleichen Art verteidigen.

Rezeptor
Eine Zelle oder eine Gruppe von Zellen, die Signale wie Berührung, Wärme, Licht, Schall oder Geschmack wahrnimmt und darauf reagiert.

Rochen
Flache Fische, deren Skelett nicht aus Knochen, sondern aus Knorpeln besteht.

Rüssel
Die Nase eines Tiers oder ein Mundwerkzeug mit einer nasenähnlichen Form. Bei Insekten, die sich von Flüssigkeiten ernähren, ist der Rüssel oft lang und schlank und kann normalerweise verstaut werden, wenn er nicht gebraucht wird.

Säugetier
Ein warmblütiges Tier mit einer Wirbelsäule. Säugetiere produzieren Milch, um ihre Jungen zu ernähren.

Scheitelauge
Ein Auge, das sich bei einigen Wirbeltieren oben auf dem Kopf befindet. Es wird manchmal auch als drittes Auge bezeichnet.

Schneidezahn
Bei Säugetieren ein Zahn an der Vorderseite des Kiefers.

Schwamm
Ein primitives Meerestier mit einem Körper, der mit kleinen Löchern versehen ist.

Schwarm
Eine große Anzahl von Fischen oder Vögeln, die in einer Gruppe zusammen schwimmen oder fliegen. Ein Schwarm kann aus einer Art oder aus verschiedenen Arten bestehen.

Segment
Eine von mehreren sich wiederholenden Einheiten im Körper von segmentierten Tieren wie Gliederfüßern und Ringelwürmern.

Skelett
Ein Gerüst aus Knochen oder anderen harten Teilen, das den Körper eines Tiers stützt und Befestigungspunkte für die Muskeln bietet.

Sperlingsvogel
Mehr als die Hälfte aller Vogelarten sind Sperlingsvögel. Sie werden aufgrund der Anordnung ihrer Zehen auch als Sitzvögel bezeichnet.

Spinnentier
Ein achtbeiniges wirbelloses Tier wie eine Spinne oder ein Skorpion.

Stachelhäuter
Die Gruppe der stachelhäutigen, wirbellosen Meeresbewohner, zu denen Seeigel und Seesterne gehören.

Tarnung
Einige Tiere haben Farben oder Muster auf ihrem Körper, die so ähnlich wie ihre Umgebung aussehen, um sich besser verstecken zu können.

Tentakel
Ein dünnes Anhängsel, das oft für die Jagd auf Beute verwendet wird.

Tonne
Eine Maßeinheit für Gewicht. Eine Tonne entspricht 1000 Kilogramm.

Trächtig
Ein Säugetier, das ein Junges erwartet, also schwanger ist.

Tropisch
Das Gebiet nördlich und südlich des Äquators. Es zeichnet sich durch hohe Temperaturen und Feuchtigkeit aus.

Ultraviolett
Licht mit einer Wellenlänge, die etwas kürzer ist als die des sichtbaren blauen Lichts. Es kann von bestimmten Tieren gesehen werden, aber nicht von Menschen.

Vorfahr
Das frühere Lebewesen, aus dem sich ein Tier entwickelt hat.

Wanderung
Eine Reise, die Tiere aufgrund von jahreszeitlichen Veränderungen unternehmen, meist um Nahrung zu finden oder sich fortzupflanzen.

Winterschlaf
Fähigkeit einiger Tiere, die Herzfrequenz und die Körpertemperatur zu senken, um in der kalten Jahreszeit inaktiv zu sein.

Wirbellose
Tiere ohne Wirbelsäule.

Wirbeltier
Ein Tier mit einer Wirbelsäule.

Wurf
Gruppe von Jungtieren, die während einer Trächtigkeit (Schwangerschaft bei Tieren) geboren werden.

Zooplankton
Plankton sind schwimmende Organismen. Viele von ihnen sind so klein, dass sie nur unter einem Mikroskop sichtbar sind. Sie treiben im offenen Wasser, vor allem in der Nähe der Wasseroberfläche. Planktonorganismen können sich oft bewegen, aber die meisten sind zu klein, um gegen starke Strömungen anzukommen. Planktonische Tiere werden als Zooplankton bezeichnet.

Zygodaktyl
Vögelfüße, bei denen zwei Zehen nach vorn und zwei nach hinten zeigen.

REGISTER

Die Seitenzahlen in **Fettdruck** zeigen an, wo du die meisten Informationen zu diesem Stichwort findest.

H

I

J

K

L

M

N

O

P

Q, R

S

T

U, V

W

Y, Z

DANK UND BILDNACHWEIS

Dorling Kindersley dankt den folgenden Personen für ihre Unterstützung: Marie Lorimer für das Register; Ruth Redford für das Lektorat; Andrew Fishleigh, Kate Ford, Terry Sambridge, und Matthew Taylor für das Layout; Tanya Mehrotra und Harish Aggarwal für das Cover; Sarah Smithies für die Bildredaktion; Cathriona Hickey für den Faktencheck.

Bildnachweis

Der Verlag dankt folgenden Personen und Organisationen für die freundliche Genehmigung zum Abdruck der Fotos:

(Abkürzungen: o = oben, u = unten, m = Mitte, l = links, r = rechts, g = ganz, Hg = Hintergrund)

4 naturepl.com: Franco Banfi (mru); David Fleetham (gor). **5 Alamy Stock Photo:** Imaginechina Limited (mlo). **Getty Images / iStock:** Mark Kostich (gol); LaserLens (gor). **6 naturepl.com:** Brandon Cole (u). **6-7 Getty Images:** Peter Darcy (m). **7 Alamy Stock Photo:** The Africa Image Library (gol). **8 naturepl.com:** Rolf Nussbaumer (mro); Inaki Relanzon (ur). **9 naturepl.com:** David Fleetham (m).**10-11 Alamy Stock Photo:** gustavo adolfo rojas segovia (m). **12-13 naturepl.com:** Barry Bland (ml). **14-15 naturepl.com:** David Fleetham (m). **16-17 naturepl.com:** Claudio Contreras (m). **18-19 naturepl.com:** Bruno D'Amicis (m). **20-21 Shutterstock.com:** Tomas Drahos (m). **22-23 Jurgen Otto. 24-25 Lars Fehlandt. 26-27 naturepl.com:** Tom Vezo (m). **28-29 Getty Images:** Alan Harris (m). **30-31 Dreamstime.com:** Oleksii Kriachko (m). **32-33 Getty Images / iStock:** GomezDavid (m). **34-35 Science Photo Library:** Science Photo Library (m). **36-37 naturepl.com:** Thomas Marent (m). **38-39 naturepl.com:** Ingo Arndt (m). **40-41 D-H Choe Lab, UC Riverside. 42-43 Science Photo Library:** Kerem Bulur (m). **45 naturepl.com:** Franco Banfi (m). **46-47 Dreamstime.com:** Frhojdysz (m). **48-49 naturepl.com:** Franco Banfi (m). **50-51 Alamy Stock Photo:** Reinhard Dirscherl (m). **52-53 naturepl.com:** David Shale (m). **54-55 naturepl.com:** Pete Oxford (mr). **56-57 naturepl.com:** David Fleetham (m). **58-59 Avalon:** Paulo de Oliveira (m). **60-61 naturepl.com:** Olga Kamenskaya (m). **63 Getty Images / iStock:** Mark Kostich (m). **64-65 naturepl.com:** Rolf Nussbaumer (m). **66-67 naturepl.com:** Wild Wonders of Europe / Hodalic (mr). **68-69 Getty Images / iStock:** CreativeNature_nl (m). **70-71 naturepl.com:** Tui De Roy (m). **72-73 naturepl.com:** Robert Valentic (m). **74-75 Getty Images / iStock:** Mark Kostich (m). **76-77 naturepl.com:** Tui De Roy (m). **78-79 Getty Images:** kuritafsheen. **80-81 naturepl.com:** Mike Parry (mr). **82-83 Getty Images / iStock:** Claudia Cooper (m). **84 Alamy Stock Photo:** Imaginechina Limited (m). **86-87 naturepl.com:** Ingo Arndt (m). **88-89 naturepl.com:** Stefan Christmann (m). **90-91 Alamy Stock Photo:** Imaginechina Limited. **92-93 Alamy Stock Photo:** Mark Castiglia (m). **94-95 Getty Images / iStock:** pchoui (m). **96-97 naturepl.com:** Guy Edwardes (mr). **98-99 Getty Images / iStock:** Ondrej Prosicky (m). **100-101 naturepl.com:** Thomas Hinsche (m). **102-103 Getty Images:** sonnyrollins / Imazins (m). **104-105 Getty Images:** KenCanning (m). **106-107 Getty Images / iStock:** Nature Photography (m). **108-109 Shutterstock.com:** Wang LiQiang (m). **110-111 naturepl.com:** Oscar Dewhurst (m). **112-113 naturepl.com:** Heike Odermatt (m). **114-115 naturepl.com:** Klein & Hubert (m). **116-117 naturepl.com:** Guy Edwardes (m). **118-119 Alamy Stock Photo:** imageBROKER (m). **120-121 Getty Images:** jacquesvandinteren (mr). **122-123 Getty Images:** Jose A. Bernat Bacete (m). **125 Getty Images / iStock:** LaserLens (m). **126-127 Alamy Stock Photo:** Imagebroker (m). **128-129 naturepl.com:** Christophe Courteau (m). **130-131 naturepl.com:** Chien Lee (m). **132-133 AWL Images:** Nigel Pavitt (m). **134-135 naturepl.com:** Alex Mustard (mr). **136-137 AWL Images:** Nature in Stock (m). **138-139 Alamy Stock Photo:** Wild Dales Photography – Simon Phillpotts (m). **140-141 Getty Images / iStock:** LaserLens (m). **142-143 Getty Images:** Anup Shah (m). **144-145 naturepl.com:** Suzi Eszterhas (m). **146-147 naturepl.com:** Barry Mansell (m). **148-149 naturepl.com:** Tim Fitzharris (m). **150-151 naturepl.com:** Mitsuaki Iwago (m). **152-153 naturepl.com:** Franco Banfi (m). **154-155 AWL Images:** ClickAlps (m). **156-157 AWL Images:** Jonathan and Angela Scott (ml). **158-159 Getty Images / iStock:** 4uves (m). **160-161 naturepl.com:** Suzi Eszterhas (m). **162-163 Getty Images / iStock:** mesut zengin (m). **164-165 AWL Images:** Tim Mannakee (m). **166-167 Getty Images:** Etienne_Outram (m). **168-167 naturepl.com:** Neil Aldridge (m). **170-171 naturepl.com:** Hanne & Jens Eriksen (m). **172-173 Getty Images:** Stephen Frink (m). **174-175 naturepl.com:** Luciano Candisani (m). **175-176 Paul Nicklen Photography, Inc. 178-179 AWL Images:** ImageBROKER (m). **180-181 naturepl.com:** D. Parer & E. Parer-Cook (m).

Cover: *Vorn:* **AWL Images:** Jonathan and Angela Scott (ol); **Getty Images:** kuritafsheen (or); **naturepl.com:** Klein & Hubert (ur); **Shutterstock.com:** Tomas Drahos (ul); *Hinten:* **Getty Images / iStock:** DigitalVision Vectors / bubaone (or), pchoui (ul); **naturepl.com:** David Fleetham (om); *Rücken:* **Dorling Kindersley:** 123RF.com / alekss.

Noch mehr Wissen zum Staunen:

ISBN 978-3-8310-4467-2
ab 8 Jahren

ISBN 978-3-8310-4736-9
ab 8 Jahren

ISBN 978-3-8310-4363-7
ab 10 Jahren

ISBN 978-3-8310-3805-3
ab 10 Jahren

DK
www.dk-verlag.de